Theodor Elze

Die Universität Tübingen und die Studenten aus Krain

Festschrift zur vierten Säcularfeier der Eberhard-Karls-Universität

Theodor Elze

Die Universität Tübingen und die Studenten aus Krain
Festschrift zur vierten Säcularfeier der Eberhard-Karls-Universität

ISBN/EAN: 9783743613157

Hergestellt in Europa, USA, Kanada, Australien, Japan

Cover: Foto ©ninafisch / pixelio.de

Manufactured and distributed by brebook publishing software
(www.brebook.com)

Theodor Elze

Die Universität Tübingen und die Studenten aus Krain

Die

Universität Tübingen

und die

Studenten aus Krain.

Festschrift

zur

vierten Säcularfeier

der

Eberhard-Karls-Universität

von

Theodor Elze,

evangelischem Pfarrer in Venedig.

Tübingen,

Verlag und Druck von Franz Fues

(L. Fr. Fues'sche Sortiments-Buchhandlung).

1877.

Der Hochwürdigen

Evangelisch-theologischen Facultät

in

Tübingen.

Ihnen, Hochwürdige Herren, und durch Sie der
ganzen Alma Mater Tubingensis bei Gelegenheit ihrer
vierhundertjährigen Jubelfeier sende ich diese Schrift als
ein kleines Zeichen tiefster, nie verlöschender Dankbarkeit
für alles Gute, welches mir in meiner Jugend dort zu
Theil geworden ist. War ich einst bei Ihnen in Tübingen
heimisch geworden, so ward ich es später bei den Krainern in Laibach. Von da aus hatte ich in den schönen
Ländern Süd-Österreichs, in Krain, Untersteier und Kroatien bis an die türkische Grenze nach zweihundert und
fünfzig Jahren der Erste wieder unsern zerstreueten Glaubensgenossen das Evangelium zu predigen. Wenn ich
nun so hinzog durch die Thäler der Alpen, des Karstes
und des Uskoken-Gebirges, oder entlang der Save und
der Sann, der Gurk und der Kulpa, da traten die Bilder
jener Männer vor meine Seele, welche hier vor Jahrhun-
derten eine blühende evangelische Kirche gegründet hat-

A 2

ten. In Archiven und Bibliotheken, in Städten und Schlössern, in Kirchen und Klöstern suchte ich ihre Spuren auf. Ich fand, dass sie grösstentheils in Tübingen ihre Geistesbildung, ihre Glaubenskraft, ihre Weltanschauung sich geholt und in ihr Vaterland gebracht hatten. Nun war ich, obschon von Geburt nicht Wirtemberger noch Krainer, wie vormals sie ein Träger Tübinger Geistes in Krain geworden, und manchmal am Ufer der Save war es mir, als vernähme mein Geist einen Gruss vom Neckar aus längst vergangenen Zeiten. Diese Grüsse und die Dankes- und Segenswünsche verschwundener Generationen sende ich Ihnen, Hochwürdige Herren, mit meinen eigenen in diesem Büchlein nach Tübingen zurück.

In den hier skizzirten Bildern spiegelt sich ein nicht uninteressanter, aber wenig bekannter Theil der Geschichte unserer Kirche und des Einflusses der Tübinger Universität ab. Auch diess Wenige konnte nicht ohne Mühe zusammengebracht werden, und wo es etwa in einzelnen Punkten von vorhandenen, auch meinen frühern Arbeiten auf diesem Gebiete abweicht, da ist diess nur die Folge sorgfältiger Quellenforschung. Dadurch sind freilich Irrthümer noch immer nicht ausgeschlossen. Doch so gering das Ganze auch ist, nehmen Sie es, Hochwürdige Herren, als wolgemeinten Beweis meiner steten Anhänglichkeit an Tübingen und meines guten Willens zu seinem Ruhme nach Kräften beizutragen.

Venedig am 6. Januar 1877.

Th. Elze.

Inhalt.

A 3

I. Wirtemberg und Österreich.

Garbitius. — Herzog Christoph. — Tiffernus.

Ist es schon nicht leicht die Geschichte einer grossen wissenschaftlichen Anstalt während eines mehrhundertjährigen Zeitraums in genauer und erschöpfender Darstellung zu zeichnen [1]), so ist es doch noch weit schwieriger die Bedeutung einer Universität in der Entwicklung des geistigen und politischen Lebens eines Volkes zu ermessen und darzustellen. Ausser den historischen und statistischen Angaben über die Entstehung, Entwicklung und Frequenz derselben, und ausser der Würdigung ihrer hervorragenden Lehrer und Schüler in der Geschichte der Wissenschaft und des Staates müsste man auch die ganze Ausdehnung und Summe der von ihr ausgegangenen Wirkungen auf Wissenschaft und Leben überblicken und schätzen können. Welche Anregungen begeisterte Schüler durch die Worte verehrter Lehrer gefunden, wie sie den in ihren empfänglichen Geist ausgestreuten Samen in sich gereift, welche Früchte derselbe in ihrem Leben getragen, was sie als Forscher und Denker auf dem weiten Gebiete menschlichen Wissens entdeckt und entwickelt, was sie mit dem erworbenen Schatze eigener Geistesentwicklung im Leben gewirkt, was sie als Prediger und Seelsorger an Erbauung und Trost und Frieden in schmachtende Menschenherzen gebracht, was sie als Lehrer ihren Schülern überliefert und in ihnen geweckt, was sie als Ärzte für das körperliche Wohl ihrer Mit-

---

1) Diese Aufgabe ist vortrefflich gelöst von Dr. K. Klüpfel: Geschichte und Beschreibung der Universität Tübingen, Tübingen bei L. F. Fues 1849.

menschen gethan, als Rechtskundige und Beamte für Gesetz und Recht, für Politik und Verwaltung und Wohlergehen ihres Volks vollbracht, — kurz den ganzen weitverzweigten Complex unmittelbarer und mittelbarer Wirkungen einer Universität müsste man vollständig kennen und abzuwägen im Stande sein, wenn man ein voll entsprechendes Bild von deren Bedeutung entrollen wollte. Aber im Strome des gesammten Lebens einer Nation schwimmen solche einzelne Thatsachen gleich den Wellen eines Baches ungekannt zum Meere hinab, und nur hie und da und nicht ohne Mühe vermag man eine halberloschene Erinnerung davon zu retten und wiederzubeleben.

Die Eberhard-Karls-Universität in Tübingen hat seit vierhundert Jahren dem Wirtemberger Lande alle seine Staatsmänner, Beamte, Richter, Ärzte, Geistliche, höhere Lehrer und Gelehrte herangebildet. Die Stellung, welche Wirtemberg demzufolge in der Culturentwicklung und Geschichte des deutschen Volkes einnimmt, legt daher zunächst ein evidentes Zeugniss von der Bedeutung und Leistung seiner Universität ab. Was einzelne aus derselben hervorgegangene Denker und Dichter, Lehrer und Forscher über die engern Landesgrenzen hinaus für das ganze deutsche Volk und für die ganze gebildete Menschheit gewirkt haben, das ist so bekannt und anerkannt, dass es hier keiner weitern Darlegung bedarf. In alle diesem steht die Tübinger Universität in erster Reihe unter ihren deutschen Schwestern. Doch in einer Richtung übertrifft sie dieselben alle, nämlich in ihrer Beziehung und Einwirkung auf Österreich während der zweiten Hälfte des sechzehnten Jahrhunderts. Von ihr aus besonders strömte in die deutschen Ostmarken die humanistische Wissenschaft, die Geistesentwicklung der neuen protestantischen Weltanschauung, die Lehre der evangelischen Kirche.

Während ohnehin das österreichische Stammesnaturell sich eher in Schwaben und Süddeutschland als in Sachsen und Norddeutschland heimisch fühlen mochte, war Tübingen für die Bewohner der nieder- und innerösterreichischen Länder die günstigst gelegene protestantische Universität Deutschlands. Dabei

that die Nähe von Heidelberg und Strassburg keinen Ab-
bruch, sondern vermehrte vielmehr Tübingens Anziehungskraft
für die lernbegierige Jugend Österreichs, weil sich ihr dadurch
die Aussicht bot, einige, wenn auch kürzere Zeit noch auf diesen
beiden berühmten Hochschulen zubringen zu können. Dagegen
hatte Wittenberg seit Luthers Tode (1546), dem schmalkal-
dischen Kriege und den adiaphoristischen und synergistischen Strei-
tigkeiten viel von seinem frühern Nimbus verloren, der dann mit
Melanchthons Tode (1560) fast gänzlich erlosch. Leipzig
hatte sich damals noch nicht zu seiner spätern Bedeutung erhoben,
und Jena war durch Flacius und seine Parteigenossen für
Österreicher fast unmöglich geworden.

Dabei wirkten in Tübingen gerade zu dieser Zeit aus-
gezeichnete Lehrer, deren Ruf damals weit verbreitet war und
deren Ruhm sich noch bis auf unsere Tage fortgepflanzt hat [1]).
So unter den Theologen: Jak. Beurlin, Jak. Herbrand,
Jak. Andreä, — unter den Juristen: Ludw. Gremp, Joh.
Sichard, Nik. Varnbüler, — unter den Medicinern: Leonh.
Fuchs, — unter den Artisten: Joach. Camerarius, Mart.
Crusius, Nikod. Frischlin u. s. w. Ein Zeitgenosse der
meisten dieser Männer war M. Matth. Garbiz, Professor der
griechischen Sprache, zwar nicht so berühmt als jene, aber hier
um so mehr zu nennen als er für seine südöstreichischen Lands-
leute der erste Anknüpfungspunkt in Tübingen wurde.

Matthias Garbitius Illyricus war gebürtig aus Istrien,
welches mit Ausnahme der wenigen, unter venezianischer Herrschaft stehenden Seestädte damals schon zu Österreich gehörte,
und politisch wie administrativ mit Krain verbunden war. Aus
armen Verhältnissen stammend war er, von Wissensdurst getrie-
ben, nach Wittenberg gegangen, wo er am 6. Mai 1534 immatriculirt wurde und das Glück hatte, von Luther für einige Zeit
an seinen Tisch aufgenommen zu werden. Da er sich mit be-
sonderer Vorliebe dem Studium der griechischen Sprache unter

1) Klüpfel, Geschichte und Beschreibung der Universität Tübingen, S. 71 ff.

Melanchthon hingegeben und diesem angeschlossen hatte, ward
ihm auf dessen und des Joach. Camerarius Empfehlung 1537 die
Professur dieser Sprache am Pädagogium und 1541 nach des
Joach. Camerarius Abgang an der Universität in Tübingen
übertragen [1]. Hier erwarb sich der Fremdling durch seine Ge-
lehrsamkeit, seinen Eifer und seinen unbescholtenen Lebenswandel
die Achtung seiner Collegen und Bekannten in so hohem Masse,
dass er dreimal, 1546, 1552 und 1557 das Dekanat der Artisten-
facultät bekleidete [2]. Seinen jungen, von Basel kommenden Landsmann Matthias Flacius Illyricus aus Albona in Istrien nahm
er hier 1540 gütig in sein eigenes Haus auf und bestellte ihn
zum Repetenten seiner Zuhörer [3]. Dem Flacius folgten 1541
und 1543 andere Istrier und Südkrainer (Illyrier) nach Tübingen.
Höchst wahrscheinlich war Garbiz auch einer der Vermittler, durch
welche es dem edeln, aus seinem Vaterlande verbannten Reformator Krains Primus Truber gelang, die von ihm verfassten
ersten krainischen Bücher in Tübingen 1550 drucken zu lassen,
nachdem die Druckereien in Nürnberg und Schwäbisch-Hall in
Folge der strengen Pressgesetze des Interims von 1548 es ab-
gelehnt hatten, zumal dort Niemand die fremde Sprache verstand [4].
Mit ernster Pflichttreue verwaltete Garbitius sein Amt 22 Jahre
lang, bis er bei Erklärung der Stelle Joh. 14, 1 vom Schlage
getroffen, am 2. Mai 1559 starb und am selben Tag begraben
wurde; Garbiz wird von Joach. Camerarius als Vertreter
ehrbaren Lebenswandels und strenger Disciplin gegenüber der
sich libertinistischen Neigungen hingebenden Jugend gerühmt,
wogegen er von Andern, welche dogmatische Rechtgläubigkeit
und Disputirkunst höher stellten als die im praktischen Leben
sich ausprägende rechte Gläubigkeit, dafür angefeindet wurde [5].

1) Klüpfel a. a. O., S. 88.
2) Stoll: Magister-Promotionen zu Tübingen; Stuttgart 1756.
3) Preger: M. Flacius Illyricus und seine Zeit; 2 Bde., Erlangen 1859—61.
4) Schnurrer: Slavischer Bücherdruck in Würtemberg; Tübingen 1799,
S. 7—8.
5) Joach. Camerarius: Vita Melanchthonis; Lips. 1566, p. 285.

Der bekannte, erst 1548 zur protestantischen Kirche übergetretene P. P. Vergerius, früher päpstlicher Nuntius und Bischof von Capodistria, dann reformirter Geistlicher in Graubünden, seit December 1553 als Herzoglich Wirtembergischer Rath in Tübingen wohnhaft, konnte es sogar über sich bringen, kaum von der Beerdigung seines eben so bescheidenen als unbescholtenen melanchthonisch-milden Landsmannes zurückgekehrt, über denselben an Herzog Christoph von Wirtemberg zu schreiben: „*Nisi clementissimus pater noster Deus misertus fuerit in ultima hora ejus, cum papista fuerit, metuo de ejus salute.*" [1]

Einen noch grössern Einfluss auf den Besuch der Tübinger Universität seitens der Österreicher übten die politischen Verhältnisse und Ereignisse der Zeit. Dabei kommt jedoch der unglückliche Umstand, dass Wirtemberg nach Herzog Ulrichs Vertreibung (1519) unter österreichische Herrschaft gerathen war (1520—35) und dann noch längere Zeit (1535—55) österreichisches Afterlehen blieb [2] wenig in Betracht. In der That studirten von 1530—55 nur 41 Österreicher und 2 Ungarn in Tübingen, von welchen erstern nicht weniger als 24 aus Vorarlberg und Tirol stammten, 3 aus Illirien (also Landsleute des Garbiz), und 4 aus Steiermark (deren erster ein Famulus des Garbiz) waren. Vielmehr ist es auch hier die Person des ruhmwürdigen Herzogs Christoph von Wirtemberg [3]), welche den Mittelpunkt der hier zu besprechenden Beziehungen bildet. Als fünfjähriger Knabe (1520) seiner väterlichen Erblande beraubt und aus der Heimat nach Österreich geführt, ward er hier zuerst in Innsbruck, dann (seit 1525) in Wiener-Neustadt unter Aufsicht des königlichen Hofes von Wilhelm von Reichenbach und nach dessen Tode (1529) von Polykarp von Teuffenbach erzogen. So

1) **Kausler** und **Schott**: Briefwechsel zwischen Christoph Herzog von Württemberg und P. P. Vergerius. Stuttgart, Literar. Verein, 1875, S. 210.

2) Siehe L. F. **Heyd**: Geschichte des Herzogs Ulrich von Württemberg; ferner die Werke von Uhnann, Sattler, Stälin u. A. über die Geschichte Wirtembergs.

3) Vgl. **Pfister**: Herzog Christoph, 2 Thle., Tübingen 1819—20; — B. **Kugler**: Christoph Herzog zu Wirtemberg, 2 Bde., Stuttgart 1868—72.

lernte er Land und Leute in Österreich kennen, kam mit König
Ferdinand und seinem jungen Sohne Maximilian dem nachherigen
Kaiser, und deren Hof in nähern Verkehr, und erinnerte sich
später dankbar der Männer, von denen ihm in diesen schweren
Jahren seiner Jugend Gutes widerfahren war. Als Kaiser Karl V.
den jungen Prinzen von seines Bruders Ferdinand Hof wegnahm,
um ihn mit sich ganz aus Deutschland wegzuführen, entfloh derselbe im Oktober 1532, stellte sich auf dem Reichstag zu Augsburg 1533 und verfocht seine und seines Vaters Rechte. Nach
mancherlei weitern schweren Lebenswegen ward er 1544 Statthalter seines Onkels Georg in Mömpelgart, und nach dem Tode
seines 1534 wieder in sein Land zurückgekehrten Vaters Ulrich
1550 Herzog von Wirtemberg. Gewöhnliche Menschen würden
durch solche Jugenderfahrungen höchst wahrscheinlich mit Ab-
neigung und Bitterkeit gegen Haus und Land Österreich erfüllt
worden sein. Nicht so Christoph. Er vergalt seinen gezwun-
genen, haftähnlichen Aufenthalt daselbst damit, dass er aus seinem
Herzogthum eine reiche Fülle geistigen Segens dahin zurück-
strömen liess, während er mit Maximilian zeitlebens in häufigem
und vertrautem Briefwechsel blieb.

In diesem edeln Bemühen unterstützte ihn nach besten Kräften ein Mann, welcher für die edele Entwicklung seines Charakters von grösstem Einfluss gewesen war. Bei allem Unglück
seiner Jugend hatte nämlich Christoph das seltene Glück gehabt,
in seinem elften Lebensjahre einen Lehrer zu bekommen, welcher
mit der Zeit sein edler Führer zur Tugend, sein Retter und Freund,
sein vertrautester und treuester Rathgeber wurde. Das war M.
Michael Tiffernus [1]). Derselbe war 1488 oder 1489 in Krain
geboren, als ganz kleines Kind aber von den Türken bei einem
ihrer Streifzüge durch dieses Land mit Andern geraubt und fort-
geschleppt, bald darauf jedoch, da ihnen mit eilig aufgebotener

---

1) S. ausser den schon angeführten Werken J. D. Winckler: Anecdota
histor.-eccles. novantiqua, 8. und 9. St., Leipz. 1770, S. 401 ff. und daraus
wörtlich in Schnurrer's Erläuterungen der würtemberg. Kirchen-, Reformations-
und Gelehrten-Geschichte, Tübingen 1798, S. 542.

Waffenmacht nachgesetzt wurde, in ihrem Lager zurückgelassen
worden. Der ehrsame Bürger Erasem Stich in Tüffer bei Cilli
in Untersteier nahm ihn als Findelkind auf, daher sein Name
Tiffernus. Jener liess ihn taufen, erziehen und unterrichten,
bis er auf die Universität nach Wien gebracht werden konnte,
wo er in der Bursa animi, der Bursa der Krainer, Aufnahme
fand. Nachdem er hier magistrirt hatte, ward er Lehrer der
Philosophie an der Universität und Erzieher der Edelknaben in
Wien. Als nun der junge Prinz Christoph wegen der Bauern-
unruhen und einreissenden Sterbläufe 1525 von Innsbruck nach
Wiener-Neustadt gebracht worden war, ward Michael Tiffernus
1526 hier zu seinem Lehrer bestimmt. Ihm verdankte Christoph
nicht nur mancherlei vortreffliche Kenntnisse, besonders seine Fer-
tigkeit im Lateinsprechen, sondern ganz besonders auch seine
strenge Sittlichkeit und ernste Frömmigkeit. Tiffernus war
es, welcher seinen fürstlichen Schüler im Herbst 1529 beim plötz-
lichen Überfall eines streifenden Corps der damals Wien bela-
gernden Türken eiligst in einer Kutsche rettete. Er war es, der
demselben im Oktober 1532, als Kaiser Karl mit ihm von Wien
nach Mantua zog, unterwegs zur Entweichung behilflich war und
ihn auf der Flucht durch die steirischen, oder kärntnischen und
tirolischen Alpen begleitete, wobei seine Kenntniss des Landes
und der windischen (slovenischen) Landessprache ihnen vortrefflich zu Statten kommen mochte. Von da ab war Tiffernus
des Prinzen Christoph steter, treuer Begleiter, in Baiern, in
Augsburg, in Frankreich. Im Gefolge desselben begab er sich
mit diesem auch 1538 zur Zusammenkunft des Königs Franz von
Frankreich mit Kaiser Karl V. nach Aigues-mortes. Hier ertheilte
ihm der letztere, in bedrängter Lage alles Vorangegangene ver-
gebend, sogar einen Wappenbrief, „weil ihn des Reiches lieber Getreuer, Michael Tiffernus, berumbt worden, seiner Erbarkeit,
Schicklichkeit, guten Sitten, Tugend und Vernunft.“ In ehren-
vollster Weise stand Tiffernus stets dem Herzog Christoph
zur Seite, der ihn zu mancher vertraulichen Sendung gebrauchte,
später in Mömpelgart 1544 zu seinem Kanzler machte, und als

Herzog von Wirtemberg 1550 zu seinem Rath ernannte. Als
Tiffernus im April 1555 starb, vermachte er seinem Herzoge,
dessen Kasse er einst in Frankreich geführt hatte und den er
in spätern Jahren selbst an Sparsamkeit zu mahnen hatte wagen
dürfen, sein in dessen Dienste erworbenes Vermögen und seine
Bibliothek. Die letztere überwies Herzog Christoph sofort
der Universität in Tübingen, und als er am 15. Mai 1557 dem
von seinem Vater Herzog Ulrich bei der Universität gestifteten
„Fürstlichen Stipendium" eine neue Ordnung und Einrichtung
verlieh (wobei er die bisherige Zahl von 70 Stipendiatenstellen
auf 100 erhöhete, während Graf Georg von Mömpelgart ausserdem 10 neue begründete), fügte er demselben mit 2320 Gulden
aus des Tiffernus Nachlass noch vier neue Stiftplätze hinzu,
das später sogenannte „Stipendium Tiffernum" [1]).

So hat Tiffernus ohne Zweifel die edeln Gesinnungen
seines Fürsten, namentlich auch dessen Wohlwollen für Österreich und dessen junge, aufblühende evangelische Kirche kräftig
genährt und unterstützt. Besonders seinen Landsleuten in Krain
kam, wie wir später sehen werden, bald die aus seinem Vermögen errichtete Stiftung zu Gute. Er wird wohl auch nicht
unterlassen haben, mit Garbiz den Druck der slovenischen
Bücher Primus Trubers in Tübingen zu befördern, und ohne
seinen Rath oder gar seine Befürwortung dürfte wol auch P. P.
Vergerius nicht nach Wirtemberg gekommen sein. Denn so
geneigt Herzog Christoph war, evangelischen Glaubensflücht-
lingen aus Frankreich, Italien und Österreich Aufenthalt in seinem Lande zu gewähren, so vorsichtig war er doch auch in deren
Aufnahme. Und es kamen deren viele. An die bisher genannten, in Wirtemberg angesiedelten Österreicher Garbiz (1537—59)
und Tiffernus (1550—55) reiheten sich als Exulanten der
schon genannte gewesene Bischof P. P. Vergerius (1553—65)
und der Hofkaplan König Ferdinands I. Paul Skalich (1558
—61), ein Kroat, geboren 1534 zu Agram, 1547 auf der

---

1) Klüpfel: Universität Tübingen, S. 101. — Stälin: Wirtembergische
Geschichte IV, 746.

Universität in Wien, 1552 Doctor der Theologie in Bologna,
1554 auf Empfehlung Papst Julius III. Coadjutor des Bischofs
Urban Textor von Laibach und Hofkaplan in Wien, von wo
ihn der König theils wegen seiner Neigung zum Evangelium,
mehr noch wegen seines hoffärtigen und lügnerischen Wesens
verwies. Mit Empfehlungen und Geld von König Maximilian
versehen kam er nach Stuttgart und Tübingen, wo er sich nicht
nur für einen „Exul Christi", sondern auf Grund des von ihm
recipirten Familiennamens seiner Mutter (Katharina Skalichka;
sein Vater war ein Schulmeister Namens Michael Jelenchich) auch
für einen Nachkommen der fürstlichen Familie der Skaliger
von Verona ausgab, und sich Fürsten de la Scala, Markgrafen
zu Verona u. s. w. nannte. Er wusste wie den König Max, so
auch Herzog Christoph u. A., namentlich Herzog Albrecht
von Preussen, zu dem er sich 1561 nach Königsberg begab,
eine Zeit lang zu täuschen. Nachdem er als des Letztern Rath
und Günstling einige Jahre in Königsberg gewirthschaftet hatte,
musste er 1565 flüchten, ward 1566 in Münster wieder katholisch, und beschloss 1575 zu Danzig sein Abenteurerleben im
Elend [1]). — Zwei Jahre nach Skalich (1560) kam der vortreffliche Hofprediger und kirchliche Rath König Maximilians Johann
Sebastian Pfauser nach Wirtemberg, wo er jedoch nicht lange
blieb. Pfauser war 1520 in Markelfingen bei Constanz am Bodensee
geboren, um 1548 Pfarrer zu Sterzing in Tirol, wo er das Abend-
mahl unter beiderlei Gestalt austheilte und biblisch predigte, schliesslich in Folge des Rufes seiner Predigten Hofprediger bei König Maximilian geworden [2]); fromm und evangelisch gesinnt suchte er in dieser Stellung die evangelischen Bestrebungen in Böhmen und den
östreichischen Ländern zu befördern; auf Betreiben des Kaisers
musste ihn Maximilian 1560 entlassen, gab ihm aber die besten
Empfehlungen an Herzog Christoph, welcher demselben eine
Pfarrstelle in Wirtemberg anbot. Pfauser ward noch im Oktober

---

1) Voigt: Paul Skalich (im Berliner Kalender für 1848). Kausler und
Schott a. a. O.

2) Ad. Wolf: Luce Geizkofler und seine Selbstbiographie, Wien 1873, S. 19 ff.

1560 Hauptpastor und Superintendent zu Lauingen in der Oberpfalz, wo er am 6. Juni 1569 starb [1]). — Schon seit 1558 lebte in Wirtemberg als Herzog Christophs Rath der edle Freiherr Hans Ungnad (1558—64), früher Landeshauptmann in Steiermark und Oberster Feldhauptmann der fünf östreichischen Erblande und der windischen und kroatischen Lande wider die Türken. Er hatte alle seine Ämter niedergelegt und seine Heimat verlassen um frei seiner evangelischen Überzeugung leben zu können. Da er, durch Primus Truber veranlasst, eine kroatische Druckerei und Bibelanstalt in Urach und Tübingen begründete, gab er dadurch seinerseits wieder die Veranlassung, dass die südöstreichischen Glaubensflüchtlinge Primus Truber (1561—62 und 1565—86), Stephan Consul (1560—66) und Anton Dalmata (1561—66) nach Wirtemberg kamen, von welchen noch weiter die Rede sein wird.

Es ist einleuchtend, dass der Aufenthalt dieser Männer in Wirtemberg nicht wenig dazu beigetragen hat, den Strom der lernbegierigen Jugend Österreichs nach Tübingen zu lenken, dessen Universität seit Anfang des 16. Jahrhunderts eine Hauptstätte der humanistischen Studien in Deutschland gewesen und nun eine Hauptpflegerin der evangelischen Geistesrichtung geworden war. Und in der That begann denn auch die Ankunft östreichischer Studenten in Tübingen besonders seit dem Jahr 1556 auffallend zahlreich zu werden. Hieher zog nun der junge Adel Österreichs, die Auersperg, Dietrichstein, Lobkowitz, Stahremberg, Trautmansdorf, Windischgrätz, Schlick, Hardeck, Herberstein, Lichtenstein, Saurau, Zinzendorf, Jörger, Lamberg, Ungnad, Polheim, Nothaft, Rindschad, Enenkel, Hoffmann, Stubenberg, Eck, Gallenberg, Gall, Hohenwart, Barbo, Teuffenbach, Unruh, Abramowitsch und viele Andere. Nach Tübingen strömten die Jünglinge aus den östreichischen Städten, aus Wien, Baden, Krems, Linz, Wels, Kloster-Neuburg, Efferding, Steier, Ens, Waidhofen, Grieskirchen, Schwanstadt und Lorch

---

1) S. Schott in Kausler und Schott a. a. O. S. 166, Anm. 1.

— aus Salzburg, Hallein und Gastein, — aus Botzen, Brixen, Bruneck, Matrei, Hall, Schwaz, Bregenz, Feldkirch und Trient, — aus Graz, Pettau, Leoben, Bruck, Judenburg, Vordernberg, Rottenmann, Ober-Wels, Aussee und Cilli, — aus Villach, Klagenfurt, S. Veit und Spital, — aus Laibach, Stein, Krainburg, Radmansdorf, Vigaun, Gurkfeld und Wippach, — aus Görz, — aus Zeng, — aus Znaim, Iglau, Ungarisch-Brod, Lettowitz und Dachau, — ferner die Ungarn aus Ödenburg, Schemnitz, Pressburg, Eperies, Kaschau, Neusohl, Miskolz, Debreczin und Szegedin, — die Siebenbürger aus Klausenburg, Kronstadt, Hermannstadt, Hönigsberg u. s. w. — Die Gesammtsumme von Inscriptionen österreichischer Studenten in der Tübinger Universitäts-Matrikel von 1530—1614 incl. beläuft sich auf mehr als 700 [1]), und diejenige der Österreicher, welche in derselben Epoche in Tübingen den Magistergrad erlangten, auf 42. An diesen Zahlen participiren die einzelnen Länder Österreichs folgender Massen:

Östreich (O.- u. N.-) .	284	inscribirt,	17	magistrirt.
Krain	113	„	17	„
Steiermark	115	„	3	„
Kärnten	69	„	2	„
Tirol und Vorarlberg	34	„	—	„
Salzburg.	13	„	—	„
Böhmen	17	„	1	„
Mähren	10	„	—	„
Schlesien	5	„	—	„
Ungarn	26	„	1	„
Siebenbürgen . .	20	„	1	„
Istrien	2	„	—	„
Görz	4	„	—	„
	712	„	42	„

Zu diesem grossen Contingent von Inscriptionen stellten die

1) Hierbei sind, wie man sehen wird, die Ungarn und Siebenbürger mitgerechnet, aber die Angehörigen des später preussischen Schlesien ausgeschlossen.

einzelnen Städte Österreichs: Wien 43, Laibach 36 [1]), Graz 29,
Linz 15, Villach und Salzburg je 12, Krems 11, Feldkirch 10, Klagenfurt 9, Bregenz und Schwaz je 4, Görz,
Trient, Gastein, Steier und Ödenburg je 3, Klausenburg
und Hermannstadt je 2, u. s. w.

Um aber in solchen statistischen Angaben einen vollstän-
digen Massstab für die reiche Aussaat geistigen Lebens zu besitzen, welche die Eberhard-Karls-Universität während
jener Epoche in die österreichisch-ungarischen Länder, vornämlich
jedoch in die östreichischen Erblande Ober- und Nieder-Östreich,
Steiermark, Kärnten und Krain ausstreute, müsste man auch
noch die Zahl und die Namen derjenigen Söhne dieser Länder
kennen, welche für kürzere oder längere Zeit Tübingen besuchten, ohne gerade sich immatriculiren zu lassen. Bei der
Armuth vieler Jünglinge, welche die damit verknüpften Kosten
scheueten, so gering auch die eigentliche Inscriptionsgebühr war,
bei der Jugend und Unreife Anderer, welche zur Inscription noch
nicht zugelassen wurden, endlich bei der damals häufigen Sitte
reicher und vornehmer Familien, ihre Söhne mehrere Jahre lang
zu ihrer Ausbildung durch die verschiedenen Universitäten Deutschlands, Frankreichs und Italiens reisen zu lassen, war wol die
Zahl auch solcher Besucher Tübingens aus Österreich nicht
ganz gering, wie denn z. B. Christoph Freiherr von Auersperg, Georg Kisl von Kaltenbrunn aus Laibach, Math.
Maurus und andere Krainer die Universität in Tübingen
besucht haben, ohne dass ihre Namen in deren Album inscribirt
worden sind.

Und noch mehr. Bei ihrem vorwärts drängenden Streben
in Cultur und Bildung andern Ländern des deutschen Reiches
gleichzukommen, griffen die inner- und niederöstreichischen Landschaften (Landstände) zu einem noch schneller und weiter wir-
kenden Mittel, indem sie bei dem offenbaren Mangel an geeigneten heimischen Kräften hervorragende Männer des Auslandes
zu sich beriefen, namentlich um in den höheren Stellen ihres

---

1) Die Einwohnerzahl von Laibach belief sich 1597 auf etwa 7000, von
denen nur 3—400 der niedersten Klasse noch katholisch waren.

neugegründeten evangelischen Kirchen- und Schulwesens zu wirken. Vorzugsweise wandten sie sich desshalb nach Wirtemberg an Herzog Christoph und seine Nachfolger, welche denn auch huldvoll und bereitwillig die Entlassung ihrer frühern Stipendiaten nach Österreich bewilligten. So kamen aus Tübingen nach Laibach: der Superintendent M. Christoph Spindler (1569—91) ¹), der Prediger und nachherige Superintendent M. Felizian Truber (1580—1600) ¹), der Schulrector D. Nikodemus Frischlin (1582—84) ²), der Präceptor M. Lorenz Meuderlin (1582—1600) ³), — nach Klagenfurt: der Schulrector M. Hieronymus Megiser (ca. 1592—98) ⁴), — nach Graz: der Superintendent D. Wilhelm Zimmermann (1586—98) ⁵),

1) Th. Elze: Die Superintendenten der evang. Kirche in Krain während des 16. Jahrh., Wien 1863. S. 34 ff. u. S. 52 ff. — In der evang. Kirche Krains galt die Wirtembergische Kirchenordnung.

2) D. Fr. Strauss: Leben und Schriften Nikod. Frischlin's, Frankf. a. M. 1856, besonders S. 247 ff. — Auch Frischlins Nachfolger im Laibacher Schulrectorate M. Jakob Prüntel, ein Steirer, 1578—82 Prediger in Klagenfurt, dann in Graz, 1585—95 Rector in Laibach, 1595—98 Pfarrer zu Schladming in Steiermark, hatte 1567 und 1573 in Tübingen studirt.

3) Lorenz Meuderlin (Meuderle) war gebürtig von Kirchheim in Wirtemberg, studirte in Tübingen und magistrirte daselbst 1572.

4) Hieronymus Megiser, gebürtig aus Stuttgart, studirte seit 1571 und magistrirte 1577 in Tübingen, ein Lieblingsschüler Nikod. Frischlin's, ward Erzieher in der Nähe von Laibach (wohin auf seine Veranlassung Frischlin 1582 berufen wurde), ging 1582 nach Padua, wo er Jurisprudenz studirte, und nochmals 1584—88 als Präceptor zweier Herren von Stubenberg aus Steiermark, lebte 1590—91 in Graz, ward um 1592 Rector des evangelischen Landschafts-Gymnasiums in Klagenfurt, von wo ihn 1598 die Gegenreformation vertrieb. Mit seiner Familie nach Deutschland zurückgekehrt ward er ao. Professor des Geschichte in Leipzig, und starb auf einer Reise nach Östreich 1616 in Linz. Er war kais. Pfalzgraf, Historiograph der Erzherzoge und der Stände von Östreich, und kurfürstlich sächsischer Historicus. Ein Polyhistor von tüchtigem Wirsen schrieb er die Biographieen der Päpste und (poetisch) der Kaiser, die Beschreibungen von Venedig, von Malta und von Madagaskar, ein viersprachiges Lexikon (deutsch-latein.-sloven.-italiän.) und eine (die erste) türkische Grammatik (1612) u. a. m. Eine der letzten Zeilen seiner Kaiser-Biographieen (1616) lautet: „Miti Mento Memor Minimi Mancas Megiseri."

5) Wilhelm Zimmermann, geboren um 1540 zu Neustadt an der Linde in Wirtemberg, studirte seit 1558 in Tübingen und magistrirte 1562 daselbst, wurde später D. Theol. und kurfürstlicher Hofprediger und Kirchenrath in Heidelberg; im Sommer 1586 ging er als Pastor und Superintendent nach Graz,

der Astronom und Professor M. Johann Kepler (1594—1600) [1]),
die Präceptoren M. Georg Engelhardt (1585—88), Christoph Löbl (1592—93; dann Prediger), und Simon Murr
(1595—96) [2]), — nach Linz: der Superintendent M. Thomas
Spindler (1581—83) [3]), der Schulrector M. Johann Mein-

---

gab hier Luthers kleinen Katechismus heraus und schrieb aus Anlass des jesui-
tischen Machwerks: Gemehrter kleiner Katechismus Lutheri (von Sigm. Ernhofer
aus München) gegen die Jesuiten in Graz, was ihn in unangenehme Händel mit
denselben verwickelte. Er starb am 12. März 1598 in Graz, wo er in der (prot.)
Stiftskirche begraben wurde.

1) D. Christ. Frisch: Joh. Kepleri opera omnia, vol. VIII, Francof. 1871.
C. G. Reuschle, Kepler und die Astronomie, Frankfurt 1871.

2) D. Rich. Peinlich: Zur Geschichte des Gymnasiums in Graz, im Jahres-
bericht des k. k. Ober-Gymnasiums in Graz, 1866. — Georg Engelhard
war gebürtig aus Wüllferhausen in Wirtemberg, und magistrirte 1583 in Tübingen. Christoph Löbl (so schreibt ihn Peinlich) ist vielleicht identisch
mit Christian Löblin aus Wildperg in Wirtemberg, der 1587 in Tübingen
Magister ward. — Die (evang.) Landschaftsschule in Graz war übrigens durch
einen Wirtemberger, den berühmten Schüler Luthers und Melanchthons D.
David Chyträus (Kochhaf) aus Menzingen, Professor in Rostock, der 1574
von den steirischen Ständen dazu berufen worden war, eingerichtet worden.
(Adami vitae Germanorum Theologorum, Francof. 1653, p. 681 sqq. — Oratio
in Scholae Provincialium inclyti Ducatus Stiriae introductione habita a Davide
Chytraeo. Graeciae in Stiria. Anno MDLXXIIII. Andreas Francus exprimebat.
4°, 11 Bll., wovon das letzte leer.) Ausserdem hatte Dav. Chyträus schon
1569, mit Joach. Camerarius zusammen vom Kaiser Maximilian II. selbst dazu
berufen, die Einrichtung der evangelischen Kirche im Erzherzogthum Östreich
geordnet, welche Kirchenordnung noch in mehreren Drücken vorhanden ist:
Gedruckt zu Stein in Östreich 1571 (mit Abänderungen); zu Rostock 1578 (in
ursprünglicher Gestalt); zu Helmstädt 1587, 8° (wie die Rostocker Ausgabe).
— Vgl. Raupach, Evang. Östreich I, 136; Karl Oberleitner, Die Evang.
Stände im Lande ob der Ens, Wien 1862, S. 80 ff.

3) Thomas Spindler, ein jüngerer Bruder des Laibacher Superintendenten M. Christoph Spindler, gebürtig aus Göppingen in Wirtemberg, studirte in
Tübingen und magistrirte daselbst 1572, ward 1575 Diakonus und 1577 Oberpfarrer und Superintendent an der Stifts-, Spital- und Leonhardkirche, war verheirathet mit Agathe, der Tochter des Propst D. Joh. Brenz, wurde 1581 Pastor
und Superintendent in Linz, und starb daselbst 1583. (S. Bernh. Raupach:
Presbyterologia Austriaca, Hamburg 1741.) Eine „Leichpredigt bei der Beerdigung des Herrn Rüdiger von Stahremberg, gehalten zu Eferding von M. Thoma
Spindlern sel., einer Ersamen Landschafft in Österreich ob der Ens gewesenen
Predigern zu Linz" gab auf den Wunsch der nächsten Verwandten des verstorbenen Herrn von Stahremberg, nach der hinterlassenen lateinischen Disposition

hard (1578) [1]), später der aus Graz vertriebene J. Kepler, — und Andere.

Welch eine ungeheure Summe von Wirkungen, die damals von dem kleinen Tübingen aus in die Ostmarken des deutschen Reiches und drüber hinaus geströmt sind, ist allein in diesen kurzen Angaben angedeutet! Hauptsächlich in Tübingen und durch Tübingen bildeten sich zu jener Zeit die Söhne der östreichischen Erblande zu Culturträgern im Osten, zu Beamten ihrer vortrefflichen Landesverwaltungen, zu Helden in den Türkenkriegen, zu Lehrern und Leuchten in den Kirchen und Schulen ihrer Heimat.

Spindlers deutsch bearbeitet, dessen Freund und Schwager Professor D. Jak. Herbrand in Tübingen, Tübingen 1584, 4°, heraus.

1) Johann Meinhard war gebürtig aus Herbertingen, studirte in Tübingen und magistrirte daselbst 1570.

II. Tübingen und die Krainer.

Vergerius. — Ungnad. — Truber.

Weitaus am meisten von den österreichischen Ländern betheiligte sich Krain, die kleinste der inneröstreichischen Provinzen (Steiermark, Kärnten, Krain), an dem Besuche der Universität Tübingen. Trotzdem dass der grösste Theil seiner
Bevölkerung der slavischen Nationalität angehört, und trotzdem
dass die Krainer in jener Zeit fort und fort den verheerenden
Raub- und Kriegszügen der Türken ausgesetzt waren, gegen welche
ihre Mannschaft im Gebiet der kroatischen und Meergrenze als
des deutschen Reiches Hüter Wacht hielt, strömte seine Jugend
zu den Pflegestätten der Bildung, von ungesättigtem Wissens-
triebe erfüllt. In der einen Hand ein Schwert, in der andern
ein Buch, so stand die alte Mark Karls des Grossen an der Save.

Naturgemäss wanderte ein Theil der Krainer Studenten
zunächst nach Wien, wo die für sie bestimmte Bursa animi, die
Briccius'sche [1]) und andere Stiftungen ihnen nicht wenig Unterstützung gewährten. Hier fanden sie auch, besonders seit 1560,
eine Anzahl von Universitätslehrern, die aus ihrer Heimat gebürtig waren, wie Markus Guttenfelder (gest. 1562), Kasp.
Sitnik, Paul Fabricius, Jak. Strauss und Alexius
Strauss. Hier suchten denn auch ausser dem bereits erwähnten
Paul Skalich manche Männer ihre Bildung, welche für die
Geschichte ihrer Heimat von hervorragender Bedeutung waren,
wie Primus Truber (obschon nicht immatriculirt), später Domherr in Laibach und Reformator Krains, und Thomas Kren
(ein Neffe des ebengenannten Professors Sitnik), später Bischof

---

1) Aug. Dimitz: Geschichte Krains, 4 Bde., Laibach 1874—76; II, 86.

von Laibach und Gegenreformator Krains [1]). Ein etwas ober-
flächlicher Humanismus, poetischer Dilettantismus [2]) und politischer
Katholicismus zur Befriedigung ehrgeizigen Strebens vereinigten
sich in diesem Kreise mit vielfach sehr anerkennenswerthen wissenschaftlichen Leistungen. Aber ernsteres religiöses Streben,
namentlich evangelischer Richtung, fand hier keine entsprechende
Nahrung. Diese musste auf andern deutschen Universitäten gesucht werden, deren Werth für Österreicher in Vergleich mit
Tübingen bereits früher besprochen worden ist.

Immmerhin zog Wittenberg, und hier vor allem der Unterricht Melanchthons, einige Krainer an. So waren der
eben genannte Professor P. Fabricius in Wien, und der Schulrector Adam Bochoritsch [3]) der berühmte erste slovenische

<hr/>

1) Thomas Kren (Chrön), geboren zu Laibach 1560, Sohn des (prot.)
Rathsherrn Lienhard Kren, studirte die Rechte in Wien; an einer Fortsetzung
dieser Studien zu Padua durch ernste Erkrankung gehindert, gelobte er für seine
Genesung den Übertritt zum Katholicismus; wiederhergestellt begab er sich nach
Graz zu seinem Oheim D. Casp. Sitnik, welcher hier Regierungsrath bei der
inner-österreichischen Regierung geworden war, besuchte dort die Lehranstalten
der Jesuiten, ward 1588 Priester, Pfarrer von Seckau, auch Domherr zu Laibach,
1597 vom Erzherzog Ferdinand (nachher Kaiser Ferdinand II.) zum Bischof von
Laibach ernannt, 1599 vom Papst als solcher bestätigt, 1600 Präses der Gegenreformation in Krain, 1614—21 Statthalter der nieder-östreichischen Regierung
in Graz, und starb 1630, geehrt mit den Titeln eines kaiserlichen und erzher-
zoglichen Rathes. Ehrgeiz und Renegateneifer in Verbindung mit angeeigneter
Überzeugung trieben ihn die protestantische Kirche und die aus ihr hervorgegangene junge slovenische Literatur zu vernichten. Vergl. meinen Aufsatz
„Truber und die Reformation in Krain" in Herzogs Real-Encyklopädie für Theologie und Kirche, Suppl. III, 360, besonders 371 ff. — Dimitz: Geschichte
Krains III, besonders 379 f.

2) Lateinische Gelegenheits-Carmina von Fabritius, Sitnik, Kren u. A.
sind noch im Druck vorhanden. Über ein in der k. k. Studienbibliothek zu
Laibach vorhandenes Manuscript „Libellus Primatum Thomae Chrön" siehe den
Aufsatz von P. v. Radics in den Mittheilungen des histor. Vereins für Krain
1864, S. 76 ff.

3) Adam Bohorizh oder (nach der Aussprache geschrieben) Bochoritsch,
ein Ungnadischer Unterthan aus Untersteier, studirte 1546 in Wittenberg, hielt
seit 1551 eine Unterrichts- und Erziehungsanstalt in seinem Hause zu Gurkfeld
an der Save in Unterkrain, 1566—82 Rector der (evang.) Landschaftsschule in
Laibach, ging 1583 mit M. Georg Dalmatin zum Druck von dessen slovenischer
Bibelübersetzung nach Wittenberg, liess hier 1584 seine (die erste) slovenische

Grammatiker, Schüler Melanchthons gewesen. Im Ganzen studirten in Wittenberg von 1502—60 nur 14 Krainer[1]), später noch [2]): 1587 Johann Snoilschik aus Laibach (später in Jena), 1588 Lorenz Sengsenschmid, Adam Bohoritsch (der jüngere) aus Laibach, und Balthasar Strauss aus Laibach; 1590—94 Georg Clemens aus Laibach (früher in Tübingen). Es mögen deren noch mehrere gewesen sein, aber gleichwohl ist die Gesammtzahl der Krainer, welche während des 16. Jahrhunderts in Wittenberg studirten, ziemlich klein.

Noch geringer ist damals die Frequenz von Strassburg und Jena von Seiten der Krainer gewesen. In Strassburg studirten [2]): 1570 Felizian Cunius, 1572 Melchior Pantaleon (früher in Tübingen, wo er 1567 magistrirte) [3]), 1573 Johann Markoviz (doctorirte 1582 in Wien), 1579 Christoph und Moritz Faschang (Brüder [4]), von denen der zweite 1580 nach Tübingen ging, wo er 1583 magistrirte), 1584—86 Markus Kumprecht (1582 in Tübingen) und Andreas Schweiger (1583 in Tübingen), 1593—95 Dietrich Freiherr von Auers-

---

Grammatik (Arcticae horulae succisivae de Latino-Carniolana Literatura, Witebg. 1584, kl. 8°) erscheinen, schrieb auch ein Elementale Labacense und einen Donat, war seit 1581 Mitglied des krainischen (evangel.) Schulrathes, und lebte noch 1596. — Seiner grammatischen Durchsicht und Correctur unterlagen die meisten slovenischen Bücher jener Zeit vor ihrem Drucke.

1) Dimitz: Gesch. Krains II, 301, Anm. 4, — nach Foerstemann's Wittenberger Universitäts-Matrikel, Leipz. 1841, und Bergmann's betreffendem Aufsatz in Schmiedel's Oesterr. Bll. f. Liter. u. Kunst.

2) Nach Mss. des krainischen Landesarchivs in Laibach.

3) Melchior Pantaleon aus Keisersperg bei Pettau in Untersteier, ein Neffe des krainischen Landschreibers Melchior Stoffel, studirte in Tübingen, wo er 1567 magistrirte; 1572 wurde er von Strassburg als Schrannenprocurator nach Laibach berufen, welches Amt er 1576 aufgab; 1579 war er Stadtschreiber von Laibach, ward 1581 Landschreiber, und später (1587) Land- und Schrannschreiber; von Erzherzog Ferdinand geadelt, ward er 1600 von der krainischen Landschaft in die Landmannschaft aufgenommen; schon seit 1604 wegen seines evangelischen Glaubensbekenntnisses aus Krain verwiesen, war er doch noch 1607 Beisitzer der Land- und Hofrechte, in deren Sitzungen der alte Herr sich wegen Gicht oft tragen liess, lebte auch noch 1610 in Krain, wo er wenige Jahre darauf starb. Seine ebenfalls ausgewiesenen Söhne hielten sich noch bis 1617 in Krain, mussten dann aber das Land verlassen.

4) Ihr Vater Hans Faschang war damals Pfarrer zu Tulschnik in Kärnten.

perg und Johannes Vinizianer, aus Laibach, sein Famulus
(beide vorher 1592—93 in Tübingen), 1599 Christoph Knaffel (1595 in Tübingen), 1600 Wolf Dietrich und Hans
Georg Freiherren von Lamberg (Brüder; beide dann 1600
in Tübingen; der erstere 1601 in Padua). Das wären im Ganzen
12, von denen die meisten auch in Tübingen studirten.

Von Krainern, die in Jena studirten, sind sogar nur 4 bekannt: 1562 Sebastian Krell aus Idria[1]) und gleichzeitig ein
junger Mann aus Lack, dessen Name bis jetzt unbekannt ist,
1590 Jakob Tulschak aus Laibach (1591 in Tübingen), 1590
—91 Johann Snoilschik aus Laibach (1587—88 in Wittenberg).

Weit stärker als diese deutschen Universitäten wurden im
16. Jahrhundert die oberitaliänischen in Pavia, Bologna[2]) und
Padua von den Steirern, Kärntnern und Krainern besucht.
Vorzugsweise bildete das letztere einen Sammelpunkt für die süd-
östreichische Jugend. Nicht zu grosse Entfernung, südliches
Land und Klima, flottes und mitunter ausgelassenes Leben machten es zur Mode- und Luxusuniversität des jungen, reichen Adels,
obschon manche Eltern die weniger gesunde, oft fieberbringende
Luft der Po-Ebene, und die wilden, rauflustigen Sitten der Paduaner Studenten[3]) für ihre Söhne scheuen mochten. Dazu lock-
ten die eigenthümlichen Einrichtungen der Paduaner Universität,
nach welchen die Studenten selbst jährlich den Rector und die
Professoren wählten, so wie die besondern Vorrechte der „deutschen Nation" daselbst. Denn die Regierung der Republik Venedig hatte wohl erkannt, dass eine privilegirte „deutsche Nation"
auf ihrer Universität für sie von derselben Wichtigkeit sei, wenn
auch in anderer Rücksicht, wie die Kaufleute der privilegirten

---

1) Th. Elze: Superintendenten S. 30 ff.

2) Hier holte sich, wie früher erwähnt, Paul Skalich 1552 den theologischen Doctorhut.

3) Man vergleiche die Mittheilungen aus Barthelmä Khevenhüller's Aufzeich-
nungen in B. Czerwenka: Die Khlevenhüller, Wien 1867, S. 118 ff., mit den
nicht viel erfreulichern in R. von Mohl: Geschichtliche Nachweisungen über
die Sitten und das Betragen der Tübinger Studenten während des 16. Jahrhunderts, 2. Aufl., Tübingen 1871 — und bei Klüpfel a. a. O. S. 116 ff.

„deutschen Nation" [1]) in ihrer Hafenstadt es in handelspolitischer Beziehung waren, und hatte danach ihre Oberleitung der Universitäts-Angelegenheiten eingerichtet. Dazu kam noch, dass nicht bloss die philosophische, und mehr noch die medicinische Facultät in Padua sich eines grossen Rufes erfreueten, sondern auch die juridische noch immer eine der Hauptlehrstätten des sich gewaltig empordrängenden römischen Rechts war. Jene suchten die Bürgerlichen auf, um sich daheim eine geachtete und einträgliche Stellung zu schaffen, diese die Adligen, die durch Kenntniss des öffentlichen und des Civilrechts Befähigung für höhere Ämter in der Verwaltung und Regierung erstrebten, zumal wenn diess zugleich im Genuss eines heitern und lustigen Lebens geschehen konnte. So kam es dahin, dass Padua zu besuchen nicht bloss Mode war, sondern es besucht zu haben als Empfehlung diente.

Die Krainer machten hierin keine Ausnahme, und es ist eine unbegründete Ansicht krainischer Geschichtschreiber, dass die Einführung der Reformation in ihrer Heimat und den andern österreichischen Ländern den Strom ihrer studirenden Jugend von den italiänischen Universitäten auf die deutschen protestantischen lenkte [2]), oder dass die Krainer mit der Unterdrückung des Protestantismus ihre Bildung in Italien zu holen begannen [3]). Der Besuch Paduas durch die Krainer in der zweiten Hälfte des 16. Jahrhunderts übertraf vielmehr denjenigen Tübingens und kam ziemlich demjenigen aller deutschen protestantischen Universitäten zusammen gleich. Insgesammt studirten (wie früher gesagt) 1530—1614 in Tübingen 113 Krainer, in Padua 1546 (1553) — 1614 [4]) deren 146. Folgende vergleichende Übersicht ist vielleicht nicht ganz uninteressant:

---

1) Vgl. G. M. Thomas: Capitular des deutschen Hauses in Venedig, Berlin 1874.

2) Dimitz: Geschichte Krains, II, 301.

3) P. v. Radics: Herbard VIII Freiherr zu Auersperg, Wien 1862, S. 76.

4) Da von der Matrikel der Universität Padua aus jener Zeit nur wenig mehr vorfindlich ist, so sind die obigen Angaben auf die noch vorhandenen Original-Album der Artisten und Mediziner und der Juristen deutscher Nation begründet und aus dem Rest der Universitäts-Matrikel u. A. ergänzt. Jenes beginnt 1553 und

Krainer studirten: 1530—50. 1551—1600. 1601—14

in Tübingen	4	90	19 = 113

in Padua

a) Juristen 2| 2 94| 107 36| 37 = 146
b) Art. und Med. —| 13| 1|

Hieraus lässt sich nur schliessen, dass die Reformation in Krain den Drang zu studiren ungemein gesteigert hat. Die Gesammtzahl der Studirenden aus diesem Lande während der zweiten Hälfte des 16. Jahrhunderts ist eine ausserordentlich grosse, wenn man die geringe Zahl der niedern und Mittelschulen, die schwache Entwicklung der Verkehrsmittel, und die geringe Zahl der Landesbevölkerung gegenüber den jetzigen Verhältnissen erwägt. Die Gegenreformation aber hat eine sofortige und augenfällig starke Abnahme der Krainer Studenten in Tübingen und nur eine geringe Zunahme derselben in Padua zur unmittelbaren Folge gehabt, bis sie endlich das gänzliche Aufhören des Besuches der evangelischen Universität Tübingen Seitens der Krainer bewirkt hat, indem diesen nur noch katholisch zu sein gestattet war. Das wirksamste Mittel zur Erreichung dieses beabsichtigten Resultates war die in solchem Sinne unternommene Gründung einer eigenen Universität zu Graz in Steiermark 1586 durch Erzherzog Karl. In Rücksicht auf diese erliess derselbe am 1. Januar 1587 ein Verbot des Besuches auswärtiger Universitäten, in Folge dessen von da an fast kein Steirer mehr nach Tübingen kam, während noch König Ferdinands 1524, 1539 und 1548 ergangene Verbote an seine Unterthanen, andere Universitäten als Wien, Ingolstadt und Freiburg zu besuchen, fast ohne Wirkung geblieben waren. Nun aber gingen die Zöglinge

---

wurde bis 1638 incl. durchgesehen; in dieser Zeit haben sich 21 Krainer inscribirt, also 1615—38 noch 7 oben nicht erwähnte. Das Album der Juristen beginnt 1546 und ward bis 1635 incl. durchgesehen, in welchem Zeitraum es 175 Inscriptionen von Krainern aufweist. Unter diesen 196 Eintragungen mögen allerdings etwa 10 Solchen angehören, die nur auf kurzen Besuch nach Padua kamen, wie Dietrich Freiherr zu Auersperg (1569), Hans Kisl zum Kaltenbrunn und Herwart Freiherr zu Auersperg (beide 1570), D. Nikodemus Frischlin (28. Sept. 1583), u. A.

der Jesuitenschulen nur noch nach den von Jesuiten geleiteten Universitäten in Graz und Ingolstadt.

Das Verhältniss von Tübingen und Padua und die Bedeutung beider für die Krainer zeigt sich am deutlichsten, wenn die Persönlichkeiten in's Auge gefasst werden, welche hier oder dort oder auf beiden Universitäten studirten. Dabei ergiebt sich zunächst, dass fast ein Drittel aller in Tübingen studirenden Krainer (37 von 113) auch in Padua die Universität besuchten. Von 1552—1614 waren

     in Padua: 19 Auersperg, 12 Lamberg, 13 Egk ¹)

     „ Tübingen 5   „   4   „   4 „

Alle in Tübingen immatriculirten Mitglieder dieser Familien besuchten (mit Ausnahme zweier Egk) auch Padua, wo sie ausschliesslich bei den Juristen sich inscribirten.

Padua musste eben mitgemacht werden. Hier finden sich die Söhne der krainischen Adelsfamilien: Auersperg, Barbo, Egk, Gall, Lamberg, Moskan, Potschovitsch, Rauber, Sauer, Scheyer, Schnitzenbaum, Wagen, ferner Ainkirn, Gallenberg, Kisl, Lanthieri, Mauritsch, Praunsberg, Tschernembl, Wernegk, u. A. — in Tübingen ausser den erstgenannten zwölf, die Hohenwart, Kazianer, Rasp und Sternberg, u. A. Während aber die Zahl der adligen Studenten aus Krain in Tübingen nur 41 (unter 113) beträgt, beläuft sich dieselbe in Padua auf 87 (unter 146).

Nächst der juristischen Facultät blühete, wie schon gesagt wurde, in Padua die medicinische. Hier hatten sich manche der Ärzte gebildet, welche zwar nicht geborne Krainer, doch von der krainischen Landschaft angestellt waren, wie P. Villinger (inser. 1569), Andr. Charopus (1570), Ägid. Steinfelder (1574). Hier studirten die meisten der jungen Krainer, welche nachher in ihrer Heimat oder anderwärts als praktische Ärzte wirkten, so Urb. Zussner der jüngere (inser. 1582), Georg Verbez (1583, vorher in Tübingen 1581), Mart. Raigel (1596),

---

¹) Einer derselben gehört der Görzer Linie dieser Familie an.

Leonh. Faschang (1597), Abrah. Piscator und Greg. Raab (1598, vorher in Tübingen 1595), Andr. Ludw. Wissegk (1617), Tob. Taufrer (1619, vorher in Tübingen 1606), Jos. Schait (1624), — somit fast die Hälfte sämmtlicher in das Album der Artisten und Mediziner deutscher Nation in Padua damals eingeschriebenen Krainer [1]).

Anders in Tübingen, wo ausser den drei eben erwähnten G. Verbez, Gr. Raab und Tob. Taufrer, die vom Studium der Theologie zu dem der Medizin übergingen und sich desshalb nach Padua wandten, nur noch ein Mediziner Dav. Verbez (1600) immatriculirt ist, der jedoch bereits Doctor der Medicin war und nur als Präceptor zwei junge Freiherren von Lamberg nach Tübingen begleitete. Hier bildeten sich vielmehr die krainischen Kirchen- und Schulmänner wie die Prediger Greg. Faschang und Georg Dalmatin [2]) (immatr. 1566), Andr. Saviniz (1568), Bernh. und Franz Steiner (1569), Joh. Weidinger und Mark. Kumprecht (1582), Andr. Schweiger (1583), Dan. Xylander (1584), Georg Clemens und Math. Trost (1585), Nik. Wuritsch (1587), Jak. Tulschak (1591) und Abel Faschang (1592 [3]).

Diese Thatsachen entsprachen vollkommen dem Charakter beider Universitäten und dem Geist, der in ihnen der herrschende war. Weil die von der venezianischen Regierung geübte religiöse Duldung nur politischer Klugheit entsprang, konnte sie aus demselben Grunde sich leicht in ihr Gegentheil verwandeln. Daher besassen der Bischof und die Inquisition einen gewaltigen Einfluss in Padua [4]). Die deutschen (besonders die protestantischen) Studenten, die deutschen Köchinnen [5]), die deutschen Bücher

---

1) Album Artist. Nationis Germanicae Patav.

2) Der berühmte Uebersetzer der Bibel in das Slovenische (Wittenberg 1584), von dem noch später die Rede sein wird.

3) Matric. Universit. Tubing.

4) Man erinnere sich an die Geschichte Fr. Spiera's und Vergerio's in Padua 1548. Vgl. Sixt: P. P. Vergerius S. 125 ff.

5) Vgl. Czerwenka: Die Khevenhüller, S. 118. — S. Acten im Venezianer Staats-Archiv.

waren ihnen ein Dorn im Auge, und die persönliche Freiheit der Universitätsbürger wurde, trotz deren ausdrücklicher Gewährleistung durch die Leiter der Universität, von ihnen gelegentlich aufs Gröbste verletzt, ohne dass der Rath der Zehn in Venedig als Oberbehörde anders als mildernd eingeschritten wäre [1]). „Lutherisch" zu heissen war in Padua schimpflich und gefährlich. Römischer Geist, römisches Recht durchwehten Stadt und Universität Padua. Das gerade Gegentheil war in Tübingen der Fall. Der tolerante Geist des Humanismus hatte hier der protestantischen Weltanschauung Bahn gebrochen und eine geistige Freiheit begründet, welche durch ein gesundes evangelisches Glaubenswesen geläutert und in der rechten Bahn erhalten wurde. Und wenn jene auch hin und wieder die richtige Grenze überschritt, und dieses theilweise von lutherisch-orthodoxem Eifer überboten und verdeckt wurde, so blieb doch im Grunde in Tübingen stets der frische, freie und fromme Geist des Evangeliums in Wissenschaft und Leben herrschend. Dieser Geist war es, der von hier aus nach Österreich, vorzugsweise nach Krain strömte, und das Gelingen der Gegenreformation Ferdinands II. daselbst war zugleich ein Sieg des von den Jesuiten inspirirten und geleiteten Geistes der Universitäten Wien und Graz und des römischen, von der Inquisition beherrschten Geistes Padua's über den germanisch-evangelischen Geist Tübingens.

Dieser Geist, welcher damals in Wirtemberg, in Herzog Christoph, in der Universität Tübingen herrschte, war es gerade gewesen, welcher jene früher genannten südösterreichischen Glaubensexulanten dorthin gezogen hatte, deren besondere Beziehungen zu Krain nun hier noch näher erörtert werden müssen. Namentlich sind hierbei Vergerius, Ungnad und Tru-

---

1) Ein solcher Fall kam 1571 mit Balth. Weydacher, dem Präceptor der jungen Freiherren von Herberstein aus Graz vor. S. Secreti del Consiglio dei Dieci Copialbuch IX. Bl. 152 ff. im k. Staats-Archiv zu Venedig; Annal. Legistarum Nat. German., f. 138 seq. im Univers.-Archiv zu Padua. — Wenn K. v. Gebler: Galileo Galilei, Stuttg. 1876, sagt: „Im Venetianischen erfreute man sich thatsächlich einer völligen Lehrfreiheit", so scheinen die Thatsachen dem nicht zu entsprechen.

ber von Wichtigkeit, obschon die beiden ersten von Geburt nicht dem Krainer Lande angehörten.

Peter Paul Vergerius [1]), welcher nach seinem Übertritt zum Protestantismus aus Italien geflüchtet war und nach mehrjährigem Aufenthalt in Graubünden endlich (1553) durch Herzog Christoph's Huld als dessen Rath ein stilles Asyl gefunden hatte, war von Natur ein ehrgeiziger, unruhiger, gern in Alles sich mischender und mit allen hervorragenden Persönlichkeiten Bekanntschaft anknüpfender Mann. Doch auch aus diesen Seiten seines Charakters sind manche gute Früchte entsprossen. Im Jahre 1554 vom Landeshauptmann in Steiermark Hans Freiherrn Ungnad, mit dem er bereits bekannt war, auf die Idee einer slovenischen Bibelübersetzung gebracht [2]), erfuhr er vielleicht von Garbiz oder Tiffernus Näheres über die literarische Thätigkeit und den Aufenthalt Primus Truber's, und setzte sich mit diesem (1555) schriftlich und mündlich in Verkehr [2]). Die Folge davon war für die weitere Entwicklung der slovenischen Literatur höchst segensreich [3]). Und wenn auch schon 1557 die schriftstellerische Verbindung beider Männer sich löste, so hatte doch Vergerius durch dieselbe ein tieferes Interesse für Krain und seine junge evangelische Kirche sowohl selbst gewonnen als auch bei Andern erweckt, was für beide nicht ohne Nutzen blieb. Im April 1557 auf der Rückkehr von einer Reise nach Preussen und Polen war Vergerius in Leipzig mit dem Freiherrn Hans Ungnad persönlich zusammengetroffen [4]), und mag dazu beigetragen haben, dass dieser sich von hier aus (25. April 1557) an Herzog Christoph mit der Bitte um Aufnahme in Wirtemberg wandte [5]), welche ihm derselbe auch sofort bewilligte.

---

1) Chr. H. Sixt: P. P. Vergerius, Braunschweig 1855 (nicht ohne Voreingenommenheit). — Th. Schott, in der Einleitung zu: Kausler und Schott, Briefwechsel etc., S. 1—42.

2) Kausler und Schott a. a, O., S. 83 f. — Schnurrer a. a. O. S. 14 ff.

3) Th. Elze: Superintendenten etc. S. 6. — Insbesondere dürfte dem Vergerius die Einführung der lateinischen Lettern für das Slovenische zuzuschreiben sein, nachdem Truber sich früher der deutschen bedient hatte.

4) und 5) Ms. im Stuttgarter k. Archiv.

Gelegentlich einer Reise nach Wien hatte Vergerius im März 1558 einen Ausflug nach Steiermark, Krain und Istrien gemacht [1]), und bald nach seiner Heimkehr schrieb er der krainischen Landschaft, dass Herzog Christoph die (offenbar von ihm erwirkte) Aufnahme zweier jungen krainischen Studenten in das Tübingische Stipendium bewilligt habe [2]), welche auch am 15. Juni 1558 erfolgte [3]). Diese Beiden, Sam. Budina und Joh. Gebhart, waren nächst den durch Garbiz angezogenen Illyriern die ersten Krainer, welche in Tübingen studirten, wovon später mehr die Rede sein wird. —

Hans Ungnad Freiherr zu Sonnegg [4]) hatte ein reiches und bewegtes Leben hinter sich, als er nach Wirtemberg übersiedelte. Im Jahre 1493 geboren, war er bereits in früher Jugend am Hofe Kaiser Maximilians; 1519 war er Mitglied der Gesandtschaft, welche die östreichischen Erblande nach Spanien an König Karl (den nachherigen Kaiser Karl V) schickten; 1523 trat er in den Dienst König Ludwigs von Ungarn; 1530 hörte er auf dem Reichstag zu Augsburg das Bekenntniss der protestantischen Stände, welches der Leitstern seines Lebens wurde; im selben Jahre ward er von König Ferdinand zum Landeshauptmann von Steiermark, Hauptmann und Vicedom zu Cilli ernannt; auch war er Sr. Kais. Maj. Rath und Oberster Fürschneider, 1532 siegte er mit H. Katzianer über Sultan Solimans Heer unter Ibrahim Pascha auf dem Kreuzer Felde, kämpfte aber 1537 in Ungarn weniger glücklich gegen die Türken; 1540 ward er Oberster Feldhauptmann der fünf östreichischen Erblande, so wie der windischen und kroatischen Lande; 1541 unterzeichnete er zu Prag mit den inner- und niederöstreichischen und görzischen Landausschüssen das Gesuch an König Ferdinand um

---

1) Kausler und Schott, S. 179 — Sixt S. 38.
2) Kausler und Schott S. 178.
3) Kausler und Schott S. 178. — Tübinger Universitäts-Matrikel.
4) Kausler und Schott S. 109, f. — Stälin IV, 653. — Kugler II, 318. — Mss. im Stuttgarter k. Archiv und im Krainischen Landesarchiv zu Laibach.

Freigebung des evangelischen Glaubensbekenntnisses für ihre Länder [1]), welches jedoch erfolglos blieb; 1553 wollte er die Landeshauptmannschaft von Steiermark niederlegen, allein König Ferdinand ersuchte ihn, dieselbe noch ein Jahr lang zu behalten, da bei dem herrschenden Kriegswesen seine Stelle nicht so leicht zu ersetzen sei, und ertheilte ihm zugleich einen Urlaub von mehreren Wochen, um seine Angelegenheiten in Sachsen zu besorgen. Ungnad ging in dieser Zeit nach Wittenberg um hier seine evangelische Erkenntniss und Überzeugung zu stärken; hier lernte er auch seine zweite Gemahlin (die erste war eine Gräfin Thurn gewesen), die junge Gräfin Magdalene von Barby kennen; 1555 wollte er sich nach Wirtemberg begeben, wohin ihn die Landschaften von Steiermark, Kärnten und Krain Empfehlungsschreiben an Herzog Christoph ertheilten, doch gelang es ihm noch nicht sich von seinen politischen Ämtern und Pflichten ganz frei zu machen. So versuchte er denn im Anfang des Jahres 1556 mit den Gesandten der inner- und niederöstreichischen Lande durch eine (von ihm und denselben seither auch schon während des Reichstags zu Angsburg 1548 wiederholte) nochmals erneuete kniefällige Bitte bei König Ferdinand in Wien [2]) die freie Gestattung des evangelischen Glaubensbekenntnisses und die Zulassung zu den im Augsburger Religionsfrieden 1555 den Reichsständen Augsb. Conf. bewilligten Rechten für diese Länder zu erlangen; da auch dieser dritte Versuch ohne Erfolg blieb,

---

1) Gedruckt: Der Niederösterreichischer Lannd Auszschusz vnnd Gesandten, an Röm. Kön. Ma. Ferdinandum, Christliche Religion Sach belangend, ernnstliche Supplication. Dagegen Rö. Kün. Ma. Antwort, auf der Auszschlusz furbrachte Supplication. Vnd folgends hinwider an Röm. Kön. Ma. Beschluszred. M. D. XLII. (O. O. 4°, 12 Bll., das letzte leer).

2) Gedruckt: Supplication der Nider österreichischen Erblandt, der Römischen Vngerischen vnnd Bohemischen Königliche Maiestät, durch viertzig herrlicher Männer, das haylig Euangelion jnen (ausz gnaden) zu zelassen vnd vergunden, vberantwortet, Auch mit dem Fuszfall vnd vnderthänigisten hertzlichem Bitt, gethon vnnd begert haben. Auff den letzten tag Jannarij des M. D. Lvj. Jars, zu Wien in Oesterreych vbergeben. (O. O. u. J., 4°, (8 Bll., das letzte leer). — Diese und die vorige Druckschrift finden sich wieder abgedruckt in Raupach, Evangelisches Österreich, Hamburg, 1732—44, I, Beilagen II u. III.

König Ferdinand vielmehr erwiderte: die Stände seien wie
anderer Fürsten Unterthanen im Religionsfrieden begriffen; der
Reichstagsabschied von 1555 habe den Sinn, dass die Unterthanen der Religion ihres Herrn folgen sollten; daher sollten sie
bei seiner, der katholischen Religion verharren, denjenigen aber,
denen die Religion des Landesfürsten nicht gefalle, sei es unver-
wehrt, Hab und Gut zu verkaufen und anderswohin zu ziehen ¹):
so führte Ungnad seinen Entschluss aus. Er begab sich nach
Sachsen, feierte in Barby seine Vermählung (1556), legte alle
seine hohen Ämter nieder, übergab einen Theil seiner Güter in
Österreich seinen beiden ältesten Söhnen, und reiste mit seinen
übrigen Kindern und seiner Gemahlin nach Wittenberg und Barby,
um in Deutschland offen und unbedrückt seiner evangelischen
Überzeugung zu leben. Nachdem er vom Herzog Christoph
die Bewilligung erhalten hatte, seinen Wohnsitz in Wirtemberg
zu nehmen, reiste er dorthin (1557), ward hier vom Herzog zum
Rath ernannt, und übersiedelte im Sommer des folgenden Jahres
mit seinem ganzen Hause nach Urach, wo ihm der Herzog das
ehemalige Amandistift zur Residenz eingeräumt hatte. Hier ver-
lebte Ungnad die letzten Jahre seines Lebens, zwar bereit nach
Österreich zurückzukehren, sobald dort das evangelische Bekenntniss zugelassen werde, aber von König Ferdinand nicht
zurückberufen, wie manche gehofft hatten: dieser erklärte vielmehr, „er habe ihm, da er wegen der Religion nicht länger
in seinen Diensten habe bleiben wollen, nichts in den Weg ge-
legt", und liess es dabei bewenden ²). Nach wenigen Jahren starb
übrigens der alte edle Freiherr während eines Besuches bei seiner
Schwester auf Schloss Wintritz in Böhmen den 27. December
1564.

Schon die blosse Anwesenheit eines solchen, daheim fast fürst-
lich geehrten Mannes in Wirtemberg mochte für manche seiner
jüngern Landsleute von Reiz sein, die Universität jenes Landes

---

1) Raupach a. a O. II, Beil. XI. — Dimitz: Gesch. Krains. II, 220.
2) Oesterr. Zeitschr. f. Geschichte u. Staatenkunde, Jahrg. 1837, Nr. 64, S. 256.

zu besuchen. Aber dazu kam noch mehr. Noch als Landes-hauptmann von Steiermark hatte Herr Ungnad im Interesse der slavischen Bewohner von Untersteiermark, Cilli, Unterkärnten (wo seine eigenen Güter lagen) und der windischen Lande den wärm-sten Antheil an der jungen, von Primus Truber begründeten, slovenischen Literatur genommen, zumal sie der evangelischen Richtung angehörte. Während er selbst (wie schon erwähnt) die Idee einer slovenischen Bibelübersetzung in des Vergerius Seele erweckt hatte, der doch dieselbe zu verwirklichen selber nicht im Stande war, hatten die Landleute von Steiermark (deren Haupt Ungnad war) wie diejenigen von Kärnten mit der krainischen Landschaft zusammengewirkt, um Trubers derartige literarische Thätigkeit durch Geldunterstützungen zu fördern. Dadurch war Ungnad in Verkehr mit Truber gekommen, und dieser kannte Ungnads Interesse für diese Sache zur Genüge.

Primus Truber [1]), geb. 1508 zu Raschiza bei Auersperg, unfern Laibach in Krain, der Reformator seiner Heimat, seit 1548 von dort vertrieben, war zu der Zeit als Ungnad sich in Wirtemberg niederliess Pfarrer in Kempten. Die literarische Verbindung, welche Vergerius 1555 von Tübingen aus mit demselben angeknüpft hatte, hatte sich zwar (wie schon früher gesagt) 1557 wieder gelöst, allein Truber blieb dessen unge-achtet mit Vergerius in fortdauerndem Verkehr, wie auch seine Beziehungen zu Ungnad durch dessen Uebersiedlung nach Wir-temberg eher zu- als abnahmen. So meldete er diesem auch brieflich am 1. April 1560 [2]), dass seine neuen slovenischen Bücher von zwei krobatischen Priestern in die krobatische (illy-

1) Th. Elze: Superintendenten, S. 1—29 — Th. Elze: Truber und die Re-formation in Krain, in Herzog's Real-Encyklopädie für Theologie und Kirche, Suppl. III, S. 360, ff. — Kausler und Schott: Briefwechsel, S. 83, u. a. — Kugler: Christoph H. z. W., II, 319. — Dimitz: Geschichte Krains, II, 198 ff. III, 1—10, u. a.

2) Ms. der Tübinger Bibliothek, abgedruckt bei Kostrencic: Urkundliche Beiträge zur Geschichte der protestantischen Literatur der Südslaven in den Jahren 1559—65, Wien 1874, S. 9—11.

rische) Sprache[1]) übertragen worden seien, und dass dieselben nun mit krobatischen (glagolischen) Lettern gedruckt werden sollen; auf seine Anregung sei Einer jener Priester, Stephan Consul, vermuthlich jetzt schon in Nürnberg, um dort die Lettern zu besorgen; allein es fehle an den nöthigen finanziellen Mitteln, die Krainer hätten schon für den Druck seiner slovenischen Werke 1000 Gulden gegeben, eine Hoffnung auf Hilfe von König Maximilian sei bisher unerfüllt geblieben, wenn er aber von den evangelischen Churfürsten und Herren eine Unterstützung bekommen könnte um die beiden erwähnten krobatischen Priester in Tübingen beim Druck erhalten und den Druck zum Theil bestreiten zu können, so würde sich damit Grosses zu Stand bringen lassen; Herr Ungnad möchte ihm doch wie bisher, so auch hierbei helfen und auf die angedeutete Weise Hilfe verschaffen.

Ungnad nahm Truber's Idee und Plan mit vollstem Eifer auf und brachte diesen in seiner ganzen Ausdehnung zur Ausführung[2]). Er setzte sich sofort mit Consul in directe Verbindung, vereinbarte mit ihm Weiteres, zum Theil selbst ohne Truber's Vorwissen[3]), liess denselben und die Lettern[4]) nach Urach kommen, und begann hier seine berühmte Bibelanstalt, um den Druck des Neuen Testaments in der krobatischen Übersetzung aus Truber's slovenischer Ausgabe[5]) als nächste

---

1) Ein westserbischer, jetzt nicht mehr vorhandener Dialect, der mit dem heutigen Kroatischen nicht verwechselt werden darf.

2) Hiermit ist die Entstehung dieses Unternehmens wol für immer klar nachgewiesen. Vgl. Kugler II, 319. — Chr. Fr. Schnurrer, Slavischer Bücherdruck in Württemberg im 16. Jahrhundert, Tübingen 1799. — J. Kostrencic, Urkundliche Beiträge, S. 10.

3) S. Ms. der Tübinger Bibliothek, abgedruckt bei Kostrencic, Urkundliche Beiträge, Nr. LXXIX, S. 126.

4) Zu ihrer Anfertigung war schon vorher das erste Geld aus Krain, Östreich und Oberöstreich aufgebracht. (Ms. im Stuttgarter k. Archiv.)

5) Dass man später zu den glagolischen auch 1561 die cyrillischen und da diese ebenfalls unter den Südslaven nicht allgemein verbreitet waren (Kostrencic Nr. LXXVI, S. 121) 1562 die lateinischen Typen hinzufügte, — dass die krobatische Übersetzung des Neuen Testaments die slovenische Trubers in schnel-

und grösste Aufgabe zu Stande zu bringen. Natürlich konnte man dann dabei doch Truber's nicht entrathen; man machte ihn zum Leiter des Unternehmens, für welches auch noch weitere literarische Kräfte aus Krain und dessen slavischen Nachbarländern herangezogen werden mussten, so dass in Tübingen und Urach (wo Herzog Christoph 1561 Trubern eine Pfarrstelle verliehen hatte [1])) förmlich eine kleine südösterreichische Colonie entstand. Diese ward ihrerseits wieder Veranlassung, dass um so mehr junge, geistig strebsame Männer aus diesen Ländern, besonders aus Krain, sich entschlossen ihre Studien in Tübingen zu machen.

Zwar kehrte Truber, von der (evangelischen) krainischen Landschaft als Pastor und Superintendent nach Laibach berufen, 1562 in sein Vaterland zurück, ward jedoch 1565 abermals und für immer von dort vertrieben. Als er wieder nach Wirtemberg kam, war Herr Ungnad bereits gestorben und seine Übersetzungs- und Druck-Anstalt in der Auflösung. Truber erhielt die eben erledigte Pfarrstelle in Laufen am Neckar, und im folgenden Jahre 1566, um einer Druckerei näher zu sein, diejenige zu Derendingen bei Tübingen [2]). Hier blieb er bis an sein Lebensende, neben seinem Amte fort und fort literarisch beschäftigt, in jeder Weise die evangelische Literatur und Kirche seiner Heimat fördernd, ein Berather, Beschützer und väterlicher Freund der krainischen Studenten in Tübingen [3]). Für diese und für

lerem Fortschreiten überholte, — und dass zum Neuen Testament noch andere religiöse Werke in den Bereich dieser Anstalt gezogen wurden: das lag ganz natürlich in der weiteren Entwicklung dieses Unternehmens.

1) Es war offenbar auf Ungnads Vermittlung geschehen. — Schnurrer, Slav. Bücherdruck, S. 52. — Kostrencic, Urkundliche Beiträge, S. 126.

2) Der junge Pfarrer von Derendingen tauschte mit Truber die Stelle. Jener, Wilhelm Holder, geb. 1542, später Stiftsprediger in Stuttgart 1571—94, dann Prälat zu Maulbronn 1595—1608, gest. 1609, ist als Verfasser mehrerer gelehrten, aber sehr scharfen Streitschriften gegen Katholiken und Reformirte bekannt.

3) Um Truber sammelten sich in Derendingen 1569—70 die jungen edeln Krainer Christoph Freiherr von Auersperg, Andreas von Auersperg, Franz Gall

nothleidende evangelische Glaubensflüchtlinge verwendete er zumeist den lebenslänglichen Jahrgehalt von 200 Thalern, welchen
ihm die krainische Landschaft auszahlen liess. In Derendingen
starb Truber in hohem Alter am 29. Juni 1586, nachdem die
meisten seiner frühern Freunde und Feinde ihm im Tode voran-
gegangen waren: Kaiser Ferdinand I (1564), Kaiser
Maximilian II (1576), Herzog Christoph (1568), Ungnad
(1564), Vergerius (1565) [1] und Skalich (1575), und viele
Andere in seiner krainischen Heimat. Jakob Andreä begrub
ihn, Martin Crusius schrieb seine Grabschrift, in der Kirche
zu Derendingen befindet sich noch sein Denkbild [2]).

Truber hatte in Krain auch die Wirtembergische Kirchenordnung eingeführt und die Wirtembergische Confession verbreitet,
welche beide er auch in das Slovenische übersetzt hat [3]). In
der Folge wurde auch die Wirtembergische Schulordnung bei
der Einrichtung des Laibacher Gymnasiums zum Muster genommen.

---

und Jakob Gall, welchen er 1577 den letzten Theil der slovenischen Übersetzung des Neuen Testaments widmete, und von denen er in der Vorrede dazu
selbst sagt: „sie hätten ihn vor etlichen Jahren, da sie zu Tübingen studirt,
öfters in seiner Herberg nicht wie einen Landsmann, sondern wie einen Vater
besucht". — Zu seinen Schützlingen gehörten Georg Dalmatin, Bernhard Steiner,
Franz Steiner, Math. Maurus, Math. Bohemus, Joh. Weidinger, Dan. Xylander
u. v. A. Der Letztgenannte schreibt am 12. December 1586 (A. St.) an den
Superintendenten Christ. Spindler in Laibach klagend, dass er in dieser schweren
Zeit seinen besten Gönner und Helfer verloren habe: „Fuit quidem (quanto
meo cum dolore dicam, aliis conjectandum relinquo) cujus me fidei, clientiae et
patrocinio committerem, cui studia, consilia, et omnia mea, meque adeo ipsum
crederem, ad quem veluti ad sacram ancoram, portum et asylum fugerem et
qui mihi loco parentis esset, Primus Truberus (piae memoriae), vir omnium
laude, literis monumentisque decorandus" etc. (Krainisches Landes-Archiv).

1) Wie Vergerius sich einst über Garbiz' Rechtgläubigkeit geäussert hatte,
ist früher berichtet worden. Auch diejenige Trubers ward von ihm verdächtigt,
aber Truber reinigte sich und seine Schriften von solchem Verdacht, und stand
zuletzt tröstend an Vergor's Sterbebett. (Kausler und Schott, Briefwechsel,
S. 443.)

2) Th. Elze: Superintendenten, S. 26 ff. — Schnurrer, Slavischer Bücherdruck, S. 114 ff.

3) Die Wirtembergische Confession nur theilweise, in Verbindung mit der
Augsburgischen und der sächsischen Confession.

III. Das Tiffernum
und die krainischen Stipendiaten.

Durch Vermittlung des Vergerius wurden im Sommer 1558 (wie S. 26 erwähnt) zuerst zwei junge Studenten aus Krain, Sam. Budina und Joh. Gebhart, als Stipendiaten in das „Fürstliche Stipendium" zu Tübingen aufgenommen. In der einzigen hierüber erhaltenen Nachricht geschieht dabei des Tiffernums [1]) weiter keine Erwähnung, doch scheint diess selbstverständlich.

Einige Jahre später veranlasste Primus Truber, während er als Pfarrer in Urach weilte (im Frühjahr 1562), die Krainische Landschaft sich an Herzog Christoph mit der Bitte zu wenden, etliche arme Schüler aus Krain in das „Stipendium Tiffernum", weil M. Mich. Tiffernus ein Krainer gewesen, aufnehmen zu wollen. Der gütige Fürst ertheilte darauf die Antwort, dass er gern bewillige fortan zwei Studenten aus Krain in diesem Stipendium zu erhalten [2]), und setzte von dieser Entscheidung gleichzeitig Trubern in Kenntniss:

Von Gottes Gnaden Christoph Herzog zu Würtemberg etc.

---

1) Das Tiffernum war gestiftet für vier junge Leute, frommer, armer Eltern Kinder, in oder ausserhalb Wirtemberg geboren, die in Tübingen Theologie studiren wollten. Sie empfingen im Tiffernum Wohnung, Kost, Unterricht und 4 Gulden, während sie natürlich für die übrigen Bedürfnisse an Kleidung, Büchern u. A. von Haus versehen werden mussten. Das Fürstliche Stipendium (im engern Sinne) dagegen war ausschliesslich für Wirtembergische Landeskinder, das Mömpelgarter für dortige Unterthanen bestimmt. (Klüpfel), Universität Tübingen, S. 101.) Hiernach und nach dem Folgenden ist die irrige Annahme einer Stiftung für Siebenbürger (vgl. Hornyansky's Prot. Jahrbücher f. Oesterreich, IV. Jahrgang., Pest 1857, S. 565 f.) zu berichtigen.

2) Das Bittschreiben der Krainer und die Antwort des Herzogs sind leider nicht mehr aufzufinden gewesen. Doch ergiebt sich ihr Inhalt aus den spätern Briefen.

Unsern Gruss zuvor, Ersamer, Lieber, besonder. Wir haben Euer neben der Herren und Landleute des Fürstenthums Crain und der andern anreihenden Herrschaften Schreiben empfangen, alles Inhalts vernommen.

So viel nun die jungen Studiosen von deren wegen Uns gemeldte Landschaft, die bei Unserer Universität zu Tübingen mit Stipendien gnädig zu bedenken und eine Zeit lang bei dem Studio zu erhalten, unterthänig Ersuchen und Bitten etc. belangen thut, werdet Ihr unser gnädig Gemüth und Meinung aus unserm Schreiben und Antwort, so wir ihnen Landleuten bei diesem Boten zukommen lassen, und sie Euch sonder Zweifel eröffnen werden, genugsam und nach Nothdurft vermerken. — U. s. w. (anderweitigen Inhalts).

Datum Stutgardten den 11 Decembris Anno etc. 62.

Cristoff Herzog zu Wirtemberg etc.

(Aussen:) Dem Ersamen unserm Lieben, besondern Primo Trubero Predigern zu Laibach [1]).

Die Krainer waren nicht sofort in der Lage, zwei Jünglinge zu präsentiren, deren Vorbildung den gestellten Anforderungen entsprochen hätte [2]), und so blieb diese günstige Eröffnung einige Zeit ohne weitere Folge. Als aber Truber nach seiner neuerlichen Vertreibung aus Krain (1565) nach Wirtemberg zurückgekehrt war, ward die Sache alsbald ins Werk gesetzt, und auf seine Vermittlung wurden 1566 Georg Dalmatin (der spätere Bibelübersetzer) und 1569 Bernhard Steiner (später Pastor und Superintendent in Klagenfurt) ins Tiffernum aufgenommen. Und als Truber noch 1569 dem M. Bernhard Steiner die Stelle eines Pädagogen bei dem in Tübingen studirenden dreizehnjährigen Freiherrn Andr. von Auersperg

---

1) Truber war inzwischen nach Laibach zurückgekehrt. — Der Brief, Original mit eigenhändiger Unterschrift und Siegel, als Papierzeichen das Wirtembergische Wappen mit zwei Helmen und Helmschmuck, befindet sich im Krain. Landes-Archive.

2) Die krainischen Stände gründeten erst 1563 ein (evang.) Landschafts-Gymnasium.

verschafft hatte und gleichzeitig M. Georg Dalmatin sich bereit erklärte seinen Platz einem jüngern Landsmann abzutreten, betrieb er sofort in Krain eine Neubesetzung beider Plätze. In Folge davon richteten die krainischen Stände an Herzog Ludwig, den Nachfolger des seither verstorbenen Herzogs Christoph, durch Truber ein Schreiben folgenden Inhalts:

Sr. F. Gn. sei es ohne Zweifel bewusst, dass sein Vater, Herzog Christoph, aus sondern gnädigen Willen gegen diese Landschaft sich erboten, in Derselben fürstlichen Stipendio zu Tübingen zwei qualificirte Knaben aus dem Lande Krain zu unterhalten, was auch bis auf dessen Ableben geschehen, wie sich dessen Sr. F. D. geistliche Räthe und Secretarien neben Herrn Prim. Truber, damals gewesenen Pfarrer zu Urach, sicherlich wol erinnern werden [1]. Sie zweifeln nicht, dass auch S. F. D. hierin mit gleicher Gnade gegen sie zu handeln fortfahren werde. Und da ihnen berichtet worden, dass die beiden erwähnten Plätze gegenwärtig erledigt seien, so finden sie sich veranlasst gegenwärtige zwei Knaben, Mathias Bohemus und Mathias Maurus, beide aus dem Lande Krain gebürtig und armer ehrbarer Eltern Kinder, die sie zum Studium für tauglich erkannt, mit der Bitte hinauszufördern, die beiden erledigten Stellen mit gedachten Knaben, auch weiterhin mit dazu qualificirten und herausbeförderten Krainern besetzen zu lassen. Laibach den 18 März 1570.

 Sr. F. D. gehorsame N. die Herren und Landleute
 des Fürstenthums Krain, so derzeit allhie versam-
 melt [2].

Dieses Schreiben übermittelte Truber mit nachstehendem Gesuch an Herzog Ludwig:

Durchleuchtiger, Hochgeborner Fürst, Gnädiger Herr.

E. F. Gn. und Derselben geistliche Räthe haben ohne

---

1) Danach scheint das erste diessbezügliche Schreiben Herzog Christophs an die Krainer vom December 1562 schon damals nicht mehr vorhanden gewesen zu sein.

2) Concept im Krain. Landes-Archiv.

Zweifel durch briefliche und mündliche Relationen glaubwürdig vernommen, welchermassen Eine Ehrsame Landschaft in Krain aus sonderer Eingebung Gottes grossen gottseligen Eifer zu der seligmachenden Religion nun etliche Jahre tragen. Desswegen sie mit Gefahr ihres Leibes und Lebens, unangesehen dass sie mit schwerer Steuer und Schatzungen beladen, vierundzwanzig evangelische Predicanten, und etliche von weiten fremden Landen zu sich berufen und mit schweren Unkosten ins Land gebracht und dieselbigen aus eigenem Säckel unterhalten [1]), welche in Krain in Städten, Märkten und Dörfern das Evangelium rein und lauter in deutscher und windischer [2]) Sprache predigen und die h. Sacramente administriren, alles nach Inhalt der Augsburgischen Confession und dieses Fürstenthums Wirtemberg Kirchenordnung. Und auf dass solche gottselige Religion auch bei ihren Nachkommen im Lande Krain erhalten und ausgebreitet würde, so schicken von hohem und niederm Stand ihre Kinder gen Tübingen, die Künste und Sprachen, vornämlich aber die rechte Religion zu lernen. Und nachdem die obgenannte Ehrsame Landschaft arm, mit grossen Ausgaben beladen, und die Vierundzwanzig aus eigenem Säckel erhalten müssen (denn die Kirchengüter besitzen allein die Päpstischen), sind sie gedrungen gewesen, das vor etlichen Jahren an E. F. Gn. gnädigen Herrn Vater seligen und hochlöblichen Gedächtnisses unterthänig zu suppliciren, etliche arme Schüler aus Krain in Tyfferno Stipendio (die-

---

1) Zu diesen Predigern gehörten: Ant. Dalmata (früher bei Ungnads Bibelanstalt in Urach; pensionirt), Christ. Faschang, Thom. Faschang, Hans Gotschewer, Mart. Gorgitsch, Thom. Jagoditsch, Georg Juritschitsch, Barth. Knaffel, Kasp. Kumperger, Pet. Kuplenik, Mich. Mathitschitsch, Georg Matschek, Hans Schweiger, Math. Sivtschitsch, M. Christ. Spindler (Superintendent, aus Wirtemberg), Franz Steiner, Greg. Stradiot, Hans Tulschak, Nik. Tuskanitsch, Luk. Verbez, Greg. Wlachowitsch, Hans Weixler, Georg Zwetzitsch; auch der vertriebene Prim. Truber bezog noch seinen Gehalt als Pension. (Vgl. Herzog's Real-Encykl. f. Theol. u. Kirche, Suppl. III, S. 364 f.)

2) Windisch = slovenisch.

weil M. Michael Tiffernus selig ein Krainer gewesen) gnädiglich zu erhalten. Auf solches ist ihnen zur Antwort erfolgt:
Ihre F. Gn. wollen zwei Studiosos, die ihre Principia Gram-
matices, Dialectices und Rhetorices ziemlich studirt, im Tyfferno Stipendio successive erhalten.

Dieweil sie aber dazumal keinen solchen Studiosum, der
dermassen qualificirt wäre, gehabt, haben sie keinen hinaus
promoviren noch schicken wollen. Und nachdem solche gnädige Verwilligung mir bewusst, hab ich Ihr F. Gn. unter-
thänigst gebeten, dass der M. Georgius Dalmatinus und M.
Bernhardus Steiner sind in's Tifferni Stipendium angenommen,
welche sich auch Gottlob! dermassen darinnen verhalten, dass
sie beide in kurzer Zeit Magistri sind geworden. Und auf
dass andere Studiosi aus Krain in diesem Stipendio auch studiren und künftiglich der Krainerischen Kirche dienstlich und
nützlich sein möchten, hab ich den M. Steinerum zu einer
paedagogia promovirt, und mit dem M. Dalmatino abgehan-
delt, dass er auch einem Krainerischen Studioso cediren will,
sofern ihm ein Diaconat ein Jahr lang in diesem Fürstenthum
gegeben würde, auf dass er sich im Predigen exercire und
danach desto geschickter und besser geübt ins Land Krain
ziehen möge. Diese Handlung mit dem M. Steinero und M.
Dalmatino hab ich den Herren und Landleuten in Krain zugeschrieben. Und auf dieses mein Schreiben haben sie zween
Studiosos, die zu Ihm eine Zeit lang haben studirt und durch
alle Classen aufgestiegen sind, mit beiliegendem Schreiben[1])
an E. F. Gn. übersandt, mit der unterthänigen Zuversicht,
sie werden von E. F. Gn. in's Tyfferni Stipendium gnädiglich angenommen.

Nun bin ich gleichwol berichtet, dass jetzund in's Tyffer-
num Stipendium an des M. Steiner Statt ein Anderer eingetreten und noch nur Ein locus (nämlich sofern der M. Dalmatinus mit einer ecclesiastica conditione begabt würde) vacire.

---

1) S. vorher S. 35.

Derhalben an F. F. Gn. ist im Namen der gottseligen E. L. in Krain mein demüthig durch Gott Bitten, Sie wollen in diesem Handel ein Übriges thun und den M. Dalmatinum nur ein Jahr lang zu einem Diaconat in diesem Fürstenthum, und dem Matthias Maurus ins Stipendium an seiner Statt, und den Mathias Bohemus in ein Artisten-Kloster, bis und so lang ein locus im Stipendium vacire, verordnen.

Solche Gnade und Wohlthat wird die E. L. und die ganze Kirche in Krain mit ihrem emsigen Gebet für E. F. Gn. und des ganzen hochlöblichen Hauses Wirtemberg Wohlfahrt, langes Leben und glückselige Regierung zu verdienen sich treulich befleissen. Hiermit E. F. Gn. thue obermeldte E. L., die ganze Krainerische christliche Kirche, die zween Studiosos und mich unterthäniglich befehlen, und bin hierauf einer gnädigen Antwort erwartend.

E. F. Gn.   unterthäniger

Primus Truber

Pfarrherr zu Derendingen [1]).

Truber erhielt hierauf diese Antwort:

Von Gottes Gnaden Ludwig Herzog zu Würtemberg etc.

Unsern Gruss zuvor. Ehrsamer, lieber getreuer. Wir haben der Herren und Landleute des Fürstenthums Krain Schreiben und Euer unterthänig Suppliciren, belangend die zween Studiosos Mathiam Bohemum und Mathiam Maurum, selbige in das Tiffernische Stipendium einzunehmen, alles Inhalts verlesen.

Und obwol nit ohne, dass weiland unser gnädiger und freundlicher geliebter Herr und Vater seligen Gedächtnisses aus christlicher Neigung zu Beförderung der Ehre Gottes und der reinen Lehre des h. Evangelii auf Einer E. L. Schreiben und euer unterthänig Anhalten und Commendiren nach und nach etliche Krainische Studiosos in angeregtes Tiffernische Sti-

---

1) Krain. L.-Arch. — Gleichzeitige Copie als Beilage zu dem später folgenden Schreiben Trubers an die Krainer v. 28. Mai 1570. Aussen von Trubers eigener Hand: „Supplication Truberi von wegen der zwaien Creinerischen Studenten".

pendium eingenommen und darinnen erhalten hat, sich auch
gnädig erboten aus obangezogenen Ursachen ihnen nach Gelegenheit ferner zu willfahren, doch nit der Meinung (wie
auch die Stiftung nit dahin gerichtet), dass also solch Stipendium weder mit ganzer Anzahl, noch auf zwei Personen allein
und vornämlich für die Krainer dienen und warten solle, denn
des Stifters Wille und Meinung gewesen, dass Würtembergi-
sche als unsere Landeskinder oder Andere Fremde, ohne Benennung eines gewissen Orts, Theologiam zu studiren, darinnen
eingenommen werden sollen und mögen.

Und da gleich, dessen unangesehen, wir zu diesem Mal
Einer E. L. und den angemeldten beiden Studiosis, oder ihren
Eltern gern gnädig willfahren und in gedacht Tiffernisch Stipendium kommen lassen wollten, so ist doch jetziger Zeit kein
Ort ledig, oder Gelegenheit vorhanden, sondern solches mit der
gestifteten und bestimmten Anzahl, nämlich ihren vieren, darunter zwei Krainer [1]) besetzt und bestellt, auch obschon künftig
durch Abkommen des M. Dalmatini (wie Ihr in Eurem Schreiben Anregens thut) ein locus erledigt würde, ist doch noch
unwissend, was hiezwischen für Personen, so bass als diese
beide qualificirt, und dessen bass werth fürfallen möchten.

Derwegen in Ansehung dessen, und weil dennoch dieser
Zeit, wie vorangeregt, zwei Krainer, nämlich M. Dalmatinus
und Euer Sohn [1]) in dickernanntem Tiffernischen Stipendio
erhalten werden, auch verrückter Zeit ihr der Landschaft ein
Minister Ecclesiae, M. Christoph Spindler von Göppingen [2])
(so gänzlich und allerdings von Jugend auf auf unsres gnädigen und freundlichen Herrn Vaters L. Kosten erhalten) zu
einem Kirchendiener bewilligt und hineingeschickt worden, ver-

---

1) Primus Trubers ältester Sohn, auch Primus genannt, wurde früher als
Wirtemberger, jetzt als Krainer gerechnet.

2) Christoph Spindler, geb. 1546 zu Göppingen, studirte seit 1563 zu
Tübingen im Fürstl. Stipendium, magistrirte daselbst 1567, ward 1569 Pastor
und Superintendent in Laibach, wo er im Oktober 1591 starb. (Th. Elze:
Superintendenten, S. 33—49.)

sehen wir uns gnädiglich, sie werden daran ersättigt und begnügig sein, auch da wir ihnen künftiger Zeit, wie gedachtes unsres Vaters L., nach Gelegenheit hierinnen ferner gnädig willfahrten, dasselbige zu Dank annehmen, und jetzo bedacht sein, wie sie mehrgemeldte zwei Studiosos mit Fug und Gelegenheit erhalten und unterbringen.

Und dieweil sie dennoch auch jetzo etliche Tage allhie auf Resolution und Bescheid gewartet, haben wir ihnen zu einem Zehrpfennig aus gemeinem Kirchenkasten sechs Gulden gnädig reichen und mittheilen lassen, auch Euch diess alles zu einer gnädigen Widerantwort nit verhalten wollen. Datum Stuttgartten den 21. Mai Anno etc. 70.

Heinrich Graue und Herr zu Castell
Statthalter mpr.
Caspar Vuild prm.

(Aussen:) Den Ehrsamen unserm Pfarrherrn zu Deren lingen, und lieben Getreuen Primo Trubern [1]).

Die beiden letzten Schriftstücke, sowie Herzog Christophs Schreiben an Truber vom Jahr 1562 in dieser Angelegenheit [2]) sandte derselbe mit folgendem Brief nach Laibach:

Gnad und Frid von Gott durch Christum.

Wolgeboren, Edl Gestreng Ernuest, Genädig, Gebietund vnd Günstig herren, was auff E. gn. Jungst schreiben an mich beschehen, von wegen der zwaien Studiosen Mauri vnd Behemi, bei den Räthen des Fürsten zu Wirttemberg etc. zu Stutgarten gehandelt vnd ausgericht ist worden, werden E. gn. vnd Irn. aus hierin eingeschlossnen schreiben warhafftig vernemen. In disem Fürstenthumb ist ein newes Regiment, des vorhabens frembdt volckh im Land nicht lassen einwurtzelen, haben mit landvolcks kinder alle Ambter, kirchendiener, Schuelen vnd Closter besetzt, Vnd sind noch im Stipendio zu Tübingen bei 60. Magistri, die alle auff pfaren, Schulmeistereien vnd Diaconaten warten. So sind die vorige wochen

1) Krain. Land.-Arch. — Original mit Siegel.
2) S. früher S. 34.

zu Stutgarten bei hundert Jung Schueler gewest, die alle In der Grammatica, Dialectica et Rhetorica haben zimlich studirt, welche alle, darunter auch mein jüngster Sun gewest, In die Closter [1]) zukhumen petirt, aus denen wil man auch nur Landskinder, die geschickhtisten annemen. Die vnsern Studiosen sind zuspat auch khumen, des M. Steiner locus hat das gantz Jar vacirt. Erst vor .6. wochen ist einer angenumen, Vnd des Flacij Illirici Sun [2]) ist der nechst locus vacant, von wegen das man dem Illirico sein Jarliche prouision der .50. gulden abkhündigt, versprochen worden. Diss beiligund schreiben des alten Fürsten an mich gestelt [3]), dem Herren Frantzen Khurtzen zugestelt, die hat er dem Jungen Fürsten vberantwort, nachmals In derselben stund sind den Geistlich Räthen zukhumen. Diss gemelt schreiben hab ich aus der vrsachen hie zugelegt, das etlich aus den Räthen auch andere sich vernemen lassen, der Fürst seliger hat solches den Creinern nicht zugeschriben oder versprochen. Vnd diss schreiben sol man auffheben, wo das andere an E. gn. verloren [4]), Auff das wen der Jezig Fürst Ins Regiment khumbt, bei Irer Frl. gn. mag supplicirt werden, damit das Tyfferni Stipendij allein die Creiner mögen teilhafftig werden.

das liess ist Konditional zu fassen

M. Georgius Dalmata liess sich nun prauchen zur Schuel oder zum predigen, den an [5]) ein weiter Hülff khan Im Stipendio lenger nicht bleiben, hat nicht kleider zum winter.

Und dieweil von den Geistlichen Räthen auff mein Suppliciren von wegen des gemelten Dalmata, ob man Ime ein kirchendienst will verleihen, khein antwort mir eruolgt, Vnd aus des Secretari der Geistlichen Räth beilignnden schrei-

---

1) Klosterschulen.

2) „Math. Flaccius, Illyrici filius" war schon seit 11. November 1564 in Tübingen immatriculirt. (Matr. Univ. Tubing.)

3) S. früher S. 34.

4) Nicht aufgefunden, wie schon S. 33, Anm. 2 und S. 35, Anm. 1, bemerkt.

5) „den an" = denn ohne. — Dalmata ist hier: Dalmatin, nicht zu verwechseln mit Ant. Dalmata (S. 36, Anm. 1).

ben [1]) vernumen, wie der Dalmata aus dem Stipendio ziehe, so
werde des Illirici Sun an seiner stat eingenumen. Item so hab
ich In disen 4. wochen seit die zwen Studiosi Maurus und Bohemus bei mir gewest, allen vleiss fürwendt, mittl vnd wegh
gesucht, das ich sie in ein ander Stipendium oder zue Con-
ditionen zu Tübingen het unterpringen mügen. Es hat sich
aber nindert [2]) schickhen wöllen. Vnd ich hab sie lenger
bei mir wöllen vergeblich halten, In dem khumbt Felicianus
Cunius vnser Landsman von Strasburg, zaiger dises brieffs,
der hat vns vertröst, Sie mügen zu Strasburg Jezundt vnter-
khummen, Dahin haben sie selbst begert, vnd von Iretwegen
hab Doctori Marpachio vnd dem Illirico geschrieben vnd sie
Inen aufs höchst beuolhen. Gott geb Inen seinen segen zu
Iren studijs. Amen. — U. s. w. (persönliche Angelegenheiten
betreffend). Derendingen am 28. Maij Im 1570 Jar.

E. Gn.   vnterthaniger und dienstwilliger
Primus Truber.

(Aussen:) Den Wolgebornen Edlen Gestrengen vnd Ernuuesten
Herren, Herren Landshaubtman, Herren Landsverweser
vnd Herren Verordenten In Crein etc.

Labach [3]).

Nicht auf den Stiftungsbrief des Tiffernums hatte sich
Truber bei seinen Bemühungen für seine jungen Landsleute
berufen, sondern darauf, dass Herzog Christoph auf seine
Bitte und mit Berücksichtigung der Nationalität des Tiffernus
aus Gnaden ihm und den krainischen Ständen die successive Aufnahme je zweier geeigneten Studenten aus Krain in das Tif-

---

1) Des D. Lorenz Schmidl eigenhändiges Original mit Siegel befindet sich
noch im Krain. Landes-Archiv.

2) „nindert" == nirgend.

3) Krain. Land.-Arch. — Eigenhändiges Original mit unkenntlichem Siegel.
— Die Orthographie des berühmten Reformators der Südslaven wurde vollständig
beibehalten, während es unnöthig schien die Leser mit derjenigen eines Kanz-
listen oder Abschreibers jener Zeit (ausser bei den Eigennamen) zu quälen.

fernum schriftlich versprochen habe. Nach Herzog Christophs Tode war auf dessen grossartige, mitunter vielleicht seine Kräfte übersteigende Freigebigkeit, namentlich gegen Ausländer, unter der Regentschaft für den unmündigen Herzog Ludwig eine nicht unberechtigte Reaction eingetreten. Allein Truber wachte darüber, dass dabei die ertheilte Zusage Betreffs des Tiffernums nicht ganz beseitigt werde. Schon nach wenigen Wochen schrieb er desshalb aufs Neue nach Laibach:

Gnad vnd Frid von Gott durch Christum.

Wolgeboren Edl Gestreng Ernuest, Genadig vnd Gebietund Herren. E. gn. vnd Herschafften — u. s. w. (persönliche Angelegenheiten betreffend).

Ich hab vor der zeit etlichen in Crein geschriben, das man die Jugent welche zuuor die gantze Grammaticam vnd Principia Dialectices et Rhetorices nicht studiert haben, eraus gen Tübingen noch auff andre Vniuersiteten nicht soll schickhen, den soliche künsten müessen sie mit schwaren vncosten durch aigne Preceptores priuatim auch auff den Vniuersiteten am ersten lehrnen, wöllen sie weiter hohere künst mit nutz erlehrnen. Darumb war guet, dass man zum Adamo [1]) zwen guet gehülffen thet, die die Jugent ordenlich In der lateinischen sprach lehrenten. Vnd dieweil Magister Georgius Dalmata zum solchen werckh tauglich, vnd er länger aus armuet (hat nicht kleider noch geld) Im Stipendio noch bei studijs zu Tübingen nicht lenger sich erhalten vnd bleiben [kann], das ein Ersame Landtschafft In zue obgemelter arbeit erforderte, wir wolten In eraus auch zum kirchen diensten ordiniren, das er sich neben dem Magistro Spindlero mit predigen teütsch vnd windisch möcht exerciren, wurd er tüglich zum predigen, müg man In darzu gebrauchen, wo nicht, bei der Schuel erhalten.

Vnd souer E. gn. vnd Hrn. den Dalmata zu sich wurden erfordern, so sollen die Herren abermals den Fürsten von

---

1) Adam Bochoritsch, s. oben S. 17, Anm. 3.

Wirtemberg, das ein ander Creinerischer Studiosus In Stipendium an seiner stat werde angenumen, zuschreiben, Vnd wiewol wir aus des Jungsten der Herren Räth zu Stutgarten an mich schreiben wissen, das des Illirici Sun an seiner stat khumbt, Jedoch durch solch schreiben wölten wir erhalten, das an des nechsten vacirende stat nach Ime werde ein Creiner angenumen — U. s. w. (persönliche Mittheilungen enthaltend). Derendingen am 10 Julij Anno etc. 70.

E. Gn. vnd Herschafften   vnterthaniger vnd dienstwilliger
Primus Truber.

(Aussen:) Den Wolgebornen Edlen Gestrengen Ernuesten Herren, Herren Landshauptman, Landsverweser vnd den Herren Verordenten In Crein etc. Meinen Genedigen vnd gebietunden Herren
Laibach [1])

Als nun im Jahr 1572 Georg Dalmatin die theologischen Studien völlig beendet hatte, baten der Landeshauptmann und die Verordneten in Krain den Herzog Ludwig: indem sie sich für dessen Erhaltung im Tiffernischen Stipendium unterthäniglich und hochfleissig bedanken, ihm den Abzug von dannen zu bewilligen, und nach öffentlicher christlicher Ordination ad Ministerium ihn zu Erweiterung dieser [krainischen] neugepflanzten Kirche auf das Eheste gnädiglich abzufertigen und hereinzubefördern, auch Sr. Fstl. Dehl. geliebten Herrn Vaters hievor gethaner gnädiger Vertröstung nach an dessen Stelle etwa einen andern tauglichen krainerischen Studiosum in angeregtes Tiffernisch Stipendium mit Gnaden kommen zu lassen, etc. Laibach den 11 Mai 1572.
Hörwart Frhr. z. Auersperg
Landeshauptmann in Krain.
N. die Verordneten daselbst [2]).

1) Krain. Land.-Arch. — Eigenhändiges Original mit unkenntlichem Siegel.
2) Krain. Land.-Arch. — Concept.

Hierauf erfolgte die erfreuliche Antwort:

Von Gottes Gnaden Ludwig Herzog zu Würtemberg.

— Auf Ihr Schreiben vom 11 Mai d. J. habe er „gemeldeten Dalmatinus (als der von seinen Praeceptoribus und gemeiner Universität allda zu Tübingen seines Fleisses, Thuns und Lassens halben sonders gerühmt, auch durch unsere Consistorien examinirt, eine Predigt von ihm gehört, und darinnen so viel befunden, dass er zum Ministerio für genugsam qualificirt geachtet, derowegen auch von demselbigen gebührlich verordnet worden) nit verhalten, sondern ihn Euch hiemit zuschicken wollen, neben dem fernern gnädigen Erbieten", wo Sie noch einen tauglichen Studiosum haben und herschicken wollen, denselben an Dalmatini Statt in das Tiffernische Stipendium kommen und einehmen zu lassen, etc. Stutgart den 14. Juny 1572.

Jacob von Hoheneck
Landhofmeister
Johann Entzlin
Kirchenraths-Director [1]).

Von dieser huldvollen Erlaubniss machten die Krainer Gebrauch, indem sie noch im selben Jahre dem Herzoge einen jungen Landsmann präsentirten:

— Sie haben sein gnädiges Antwortschreiben durch Sr. Fstl. Gn. alumnus, anjetzo ihren Kirchendiener M. Georgio Dalmatino gehorsamlich empfangen. Sie bedanken sich zum fleissigsten, dass er diesem den Abzug bewilligt, und einen andern krainerischen Studiosum an seine Statt in das Tiffernische Stipendium aufnehmen wolle. Sie haben darauf Blasium Budinam, ihren Landesbürtigen, der sich zuerst allhier zu Laibach in ihrer Schule und dann die letzten zwei Jahre im Gymnasium draussen zu Strassburg ehrbar und wohl verhalten, hinaus verordnet, und den Ehrwürdigen Herrn Primus Truber ersucht denselben Sr. Fstl. Gn. oder Derselben eigst-

---

1) Krain. Land.-Arch. — Original, präs. 11. Juli 1572; das Siegel verloren.

lichen Räthen vorzustellen, mit Bitte ihn an des Dalmatini
Statt in das Tiffernische Stipendium aufzunehmen. Laibach
den 6 Oktober 1572.

> Hans Joseph Freiherr zu Egkh und Hungers-
> pach Fstl. Dchl. Rath Landesverweser
> und angesetzter Verwalter der Landes-
> hauptmannschaft [1]).
>
> N. Einer E. L. daselbst Verordnete [2]).

Der hier genannte Blasius Budina begab sich 1577 nach
Krain, um hier in seiner Armuth persönlich Hilfe zu seiner Kleidung und Magistrirung bei seinen Verwandten zu suchen. Als
er nach Tübingen zurückkehrte, gaben ihm die Krainischen Verordneten an Herzog Ludwig ein Schreiben dd. Laibach
23 April 1577 mit, worin sie diesen ausdrücklich baten den Zurückgekehrten (der vermuthlich ohne fürstlichen Urlaub abgereist war)
wieder in das Tiffernische Stipendium einzunehmen [3]). Diess ge-
schah auch, aber leider starb hier der junge Mann schon im folgenden Jahre 1578. Aus Krain wurden darauf 1579 dem Herzoge
zwei andere Studiosen für das Tiffernum präsentirt:

— Sie danken für alle seine und seines Vaters Wohlthaten
gegen die Landschaft und die krainische Kirche, insbesondere
dafür, dass Dieselben zu deren Beförderung nun etliche viele
Jahre herum in Derselben Fürstlichen Stipendio zu Tübingen
nach Gelegenheit zu Zeiten zwei, zuweilen einen krainischen
Studiosen gnädiglich unterhalten haben. Da nun aber nit allein
vor einem Jahre M. Blasius Budina, der zum Ministerio in
ihrer krainischen Kirche nunmehr zu gebrauchen gewesen wäre,
in gemeldetem Fürstlichen Stipendio mit Tod abgegangen,
sondern auch diese Jahre her ihrer krainischen Predicanten

---

1) Der wirkliche Landeshauptmann Herwart Freiherr von Auersperg war
(wie das Schreiben gelegentlich zur Entschuldigung einfügt) „diesesmal abwesig
und mit Erzherzog Carl zu Östreich unserm gnädigen Herrn und Landesfürsten
auf der Hungarischen Krönung."
2) Krain. Land.-Arch. — Concept.
3) Krain. Land.-Arch. — Concept.

― 47 ―

etliche gestorben seien [1]), so dass bereits nit ein geringer Mangel an christlichen windischen Predicanten bei ihnen erscheine etc., so bitten sie ihn, dass er zur Erhaltung und Erweiterung dieser krainischen Kirche diese zwei der krainischen Sprache erfahrenen Studiosen Christophorus und Mauritius Faschang Gebrüder in sein Fürstliches Stipendium einzunehmen gnädiglich verordne. Laibach den 4 März 1579.

Weikhard Frhr. z. Aursperg
Landeshauptmann in Krain [2])
auch N. Einer E. L. Verordnete und
N. die Landleute, so viel diessmals
allhier sein [3]).

Diesem Gesuche willfahrte Herzog Ludwig auf das Wohl-wollendste:

Von Gottes Gnaden Ludwig Herzog zu Würtemberg etc.

— Er habe Ihr Schreiben und Bitten der zweien jungen Studiosen Christophori und Mauritii Faschang Gebrüder' halben, dieselbigen (damit dem erscheinenden Mangel an tauglichen Ministris bei der evangelischen windischen Kirche desto eher begegnet und geholfen werden möge) in das Tiffernische Stipendium bei seiner Universität Tübingen auf- und anzunehmen, fernern Inhalts vernommen.

Nachdem denn weiland sein Vater in gleichen Fällen auch gnädige Bewilligung gethan, so wolle er zu Beförderung der reinen Lehre des h. Evangelii den Einen von diesen, der ad studia am tauglichsten, auf den im Stipendio vacirenden locum

---

1) Seit 1570, also seit 9 Jahren, waren 10 evangelische Prediger windischer Sprache in Krain gestorben: Chr. Faschang, M. Gorgitsch, G. Juritschitsch, P. Kuplenik, M. Mathitschitsch, G. Matschek, Fr. Steiner, Gr. Stradiot, N. Tuskanitsch und Luk. Verbez. 1571

2) Der frühere Landeshauptmann Herwart Freiherr zu Auersperg, Oberst-Lieutenant an der kroatischen Grenze, das Haupt der Protestanten in Krain, war am 22. Sept. 1575 in der Schlacht bei Budatschki gegen die Türken gefallen (P. von Radics, Herbard VIII von Auersperg, Wien 1862). Sein Nachfolger war sein Bruder.

3) Krain, Land.-Arch. — Original-Concept und Abschrift.

kommen lassen, wie er bereits den Superattendenten und M. Domus seinethalben Befehl gethan; etc. Stuttgarten, den 30 Juni Ao etc. 79.

L. H. Z. Württemberg [1]).

Herzog Ludwig hörte nie auf, in dieser Weise die evangelische Kirche in Krain zu fördern, wenn er sich auch einmal veranlasst sah, den Krainern eine Bitte abzuschlagen. Diese präsentirten 1584 den jungen Daniel Xylander:

— Sie danken ihm für alle von ihm und seinem Vater ihnen erwiesenen Wohlthaten und sollten ihn zwar mit Bitten verschonen, getrösten sich aber seines fürstlichen Gemüths. Weiser dieses, weiland Marci Xylanders, allhie im Land gewesten und verschiedener Zeit abgestorbenen christlichen Predicanten, sammt andern unerzogenen Geschwistrigten nachgelassener verwaister Sohn Daniel, bisher auf der Schule in Laibach, dann in Gratz und in der Nachbarschaft, habe um Commendation an S. F. D. ersucht [2]). Weil nun fürkommen, dass Hans Diener, allhier zu Laibach wohnend, mit des Herzogs Consens seinen Sohn Georg aus dem Fürstlichen Stipendio zu Tübingen abzufordern im Werk sei, wodurch eine Stelle für Xylanders Unterkommung erledigt werde: so bitten sie die arme Waise Xylander an des jungen Diener Statt aufnehmen zu lassen; etc. Laibach den 1 August 1584.

Wolf Graf und Frhr. von Thurn, Landesverwalter.

N. die Verordneten Augsb. Conf. in Krain [3]).

Diesem Ansuchen konnte jedoch aus dem Grunde nicht entsprochen werden, dass der Empfohlene die nothwendigen Vor-

---

1) Krain. Land.-Arch. — Original m. eigenh. Unterschrift und Siegel, präs. 18. August 79.

2) Krain. Land.-Arch. — Originalgesuch; aus demselben geht hervor, dass des Bittstellers Vater, gewester evangelischer Pfarrherr und Predicant zu S. Canzian bei Auersperg, vor „drei Cotemmern" (Quatembern) gestorben sei, und das Georg Diener bei zwei Jahren das Tiffernum genossen hatte.

3) Krain. Land.-Arch. — Concept.

kenntnisse nicht besass, und es erfolgte daher die abschlägige
Antwort:

Von Gottes Gnaden Ludwig Herzog zu Würtemberg etc.

— Er habe Ihr Schreiben und Bitte den Scholaren Daniel
Xylander von Laibach an des abkommenden Georgii Diener
Statt in das Tiffernische Stipendium bei seiner Universität
Tübingen aufzunehmen, erhalten.

Wiewol er zur Beförderung Ihrer Kirche geneigt sei, Ihnen
auch etliche Jahre her vielfältig willfahrt habe, weil er sich
aber der Stiftung und wohin solches Stipendium gerichtet,
erinnert, dass gedachtem Georg Diener oder andern solchen
Stipendiariis nit geziemt ihres Geliebens und Gefallens das
Studium zu verlassen, oder für die Theologie eine andere Facultät fürzunehmen, zudem seine Superattendentes und Mr.
Domus seines Stipendii zu Tüwingen dieser Tiffernischen Stiftung halben obligirt und verbunden, keinen Jungen anzunehmen, er habe denn seine fundamenta latinae et graecae linguae, und darunter Rhetoricae et Dialecticae wohl ergriffen,
dieser Xylander aber (dem es gleichwol an Ingenio nicht man-
geln möchte) nit qualificirt und genugsam befunden worden,
inmassen sie aus der Abschrift ihres ihm hierüber gethanen
Berichtes [1]) vernehmen werden: so habe er demnach Ihnen
hierin zu gratificiren nit gewusst, sondern des Diener locum

---

1) Krain. Land.-Arch. — Abschrift des Berichtes dd. Tüwingen 18. Sept.
1584, unterzeichnet von Jacobus Heerbrand D, Joannes Brentius D., und M.
Samuel Haylandt: sie hätten Daniel Xylander auf Sr. F. D. Befehl der Ordnung
nach geprüft und bei ihm ein gut ingenium befunden; aber er sei bisher übel
versäumt worden, habe nur die praecepta graecae et latinae Grammaticae studirt,
aber auch diese magna ex parte vergessen, weil er seinem Vermelden nach jetzt
ein Jahr lang nit mehr bei den Studiis gewesen; auch habe er in dem ihm
aufgegebenen scripto incongrue geschrieben; weil aber des Tiffernischen Stipendii
fundation, auf welche sie sich verbunden, erfordere, dass die anfzunehmenden
Stipendiaten ihre guten fundamenta auch in Dialectica et Rhetorica haben sollen,
so haben sie für sich selbst ihn diessmal nicht aufnehmen dürfen, sondern dessen
zuvor S. F. G. berichten und seinen Befehl erwarten sollen. — Der junge Xylander erhielt dann 1587 ein Stipendium der krainischen Landschaft.

(den er jetzt nit aufhalten [1]) wolle) mit einem andern tauglichen Studioso besetzt, wovon er Sie, weil er die Fundation
und Stiftung nit ändern könne, sondern ob solcher zu halten
bedacht sei, freundlich benachrichtige; — etc. Stuttgart, den
23 September 1584.

L. H. Z. Württemberg [2]).

Dagegen erneuerte Herzog Ludwig 1585 gegen Primus
Truber ausdrücklich das Versprechen seines Vaters: aus Gnade
(nicht aus Verpflichtung) zwei Plätze im Tiffernischen Stipendium
an Theologie Studirende aus Krain vergeben zu wollen, und
verlieh auch auf Trubers Fürbitte im November 1585 dem Krainer
Georg Clement eine Stelle im Tiffernischen Stipendium [3]).

Im Jahr 1586 schrieben die Krainer dem Herzog abermals
wegen Aufnahme eines Studiosen:

— Sie rühmen alle Wohlthaten seines Vaters, Herzog
Christophs, und seine eigenen gegen ihre Kirche; unter diesen
sei nicht die geringste, dass zur Erhaltung und Fortpflanzung
derselben zwei Tiffernische Stipendia zu Tübingen nit allein
hievor von Herzog Christoph sel., gleichwol allein precarie
und gar nit aus einigem Recht, conferirt, sondern auch durch
S. F. D. selbst erst wiederum im November des vorigen Jahres
1585 [3] auf weiland ihres lieben, frommen und christlichen
Seelsorgers und getreuen sollicitatoris Herrn Primi Truberi
sel. Suppliciren de novo, doch mit gewissem Mass gnädiglich
bewilligt, wofür sie bestens danksagen, und ihm die krainische
Kirche auch fürderhin empfehlen, dass er, obwol der Allmäch-
tige ihren alten frommen Herrn Truber sel. zu sich genommen, nichts weniger mit fürstlichen Gnaden ihrer gedenke.

Damit nun aber solches trefflichen Beneficii diese krainische
Kirche wirklich und successive geniessen möge (wie sie ge-
wiss seien, dass es S. Fstl. Hoheit gnädiger Wille), so bitten

---

1) „Aufhalten“ = offen halten.

2) Krain. Land.-Arch. — Original mit eigenhändiger Unterschrift und Siegel,
präs. 21. December 1584.

3) Das betreffende Schreiben wurde bisher nicht aufgefunden.

sie: er wolle in das eine Stipendium, welches derzeit neben dem Georgio Clemente, der auf des Herrn Truber sel. Suppliciren durch Resolution im November 1585 aus den drei krainischen, derzeit zu Tübingen gewesten famulis angenommen worden, vaciren solle, einen krainischen armen Studiosum Namens Johannes Snoilschik, aus dieser Stadt Laibach gebürtig, der zuerst in ihrer Landschule allhier und dann etwa drei Jahre in der kurfürstlich sächsischen Schule des Klosters Pforta (darin er privatim auf drei Jahre erbeten worden) sich gut gehalten, einkommen lassen; u. s. w. Laibach den (8) 13 Oktober 1586.

> Die Verordneten Einer E. L. des Fürstenthums Krain sammt etlichen hiezu Versammelten von den Ständen der Augsb. Conf. zugethan [1]).

Dieses Schreiben ging jedoch nicht ab, da der junge Snoilschik sich auf die Universität Wittenberg begab. Dagegen ward im folgenden Jahre 1587 ein anderes, fast gleichlautendes Bittgesuch an den Herzog Ludwig durch den Laibacher Prediger Felizian Truber [2]) gesendet:

— einen krainischen armen, von Vater und Mutter verwaisten, Knaben Namens Nikolaus Wuritsch, der bisher in ihrer lateinischen Schule allhier zu Laibach sich wohl verhalten, mit Gnaden einkommen lasse, etc. Laibach den 6 April 1587.

> N. die unter währendem Landtag versammelten Landleute von den Ständen Er. E. L. in Krain, als viel sich deren zu der christlichen Augsb. Conf. bekennen [3]).

---

1) Krain. Land.-Arch. — Concept v. 13. Okt. 1586 und Reinschrift vom 8. Okt. 1586, gefertigt, mit acht Siegeln versehen, dann aber wieder aufgeschnitten.

2) M. Felizian Truber, der jüngere Sohn des nun verstorbenen Prim. Truber, damals Prediger, später Superintendent in Laibach, reiste vermuthlich in Folge des Todfalles seines Vaters nach Wirtemberg (Th. Elze: Superintendenten, S. 52—59).

3) Krain. Land.-Arch. — Concept, über die nicht gebrauchte Reinschrift des Schreibens v. 8. Okt. 1586 (s. vorher Anm. 1.) gearbeitet.

4 *

Herzog Ludwig antwortete hierauf:

Von Gottes Gnaden Ludwig Herzog zu Württemberg und zu Teckh Graue zu Mumppelgartt etc.

Unsern freundlichen und günstigen Gruss zuvor. Wolgeborne, Edlen, Lieben, Besondern. Wir haben Euer Schreiben so der Ehrsam M. Foelicianus Truber, Euer evangelischer Kirchendiener unterthänig präsentirt und überantwurt, einen jungen studiosum Nicolaum Wiritsch von Labach betreffend, selbigen in einen locum vacantem des Tyffernischen Stipendii bei unserer Universität zu Tüwingen kommen zu lassen etc. alles Inhalts verlesen. Und demnach wir allwegen geneigt gewesen Eurer evangelischen Kirche, so viel an uns, zu helfen und Beförderung zu thun, damit die reine seligmachende Lehre des Evangelii desto bas fortgepflanzt und erhalten werden möge, Wir uns auch wol zu erinnern wissen, dass wir desswegen auf weiland Primi Truberi, unseres verstorbenen Pfarrherrn zu Derdingen geschehen unterthänig Anbringen Euch zwei Krainerische Stipendiaten in angeregtem Tiffernischen Stipendio zu erhalten bewilligt, So möget Ihr obgedachten Wiritsch nach Eurer Gelegenheit gen Tüwingen schicken, werden unsere verordneten Superintendenten und M. Domus (denen wir allbereit darum Befehl gegeben) ihn examiniren, und da er vermög der Ordination ziemlich qualificirt, in den allbereit erledigten locum ermeldtes Tiffernischen Stipendii einnehmen. Unser lieber Herr Gott verleihe Gnade, dass er und Andere ihre Zeit wohl anlegen, in studiis guten profectum schaffen, und zu Gottes Lob, auch vieler Leute Seelen Heil und Wohlfahrt nützlichen Dienst leisten möge. Das haben wir Euch zur Resolution und Antwort freundlicher und gnädiger Meinung nit wöllen bergen. Datum Stuttgarten den 12 Maij Anno etc. 87.

L. H. Z. Württemberg [1]).

---

1) Krain. Land.-Arch. — Original m. eigenh. Unterschrift und Siegel, prïs. (zufolge des Schreibens v. 9. Juli 1587) „jüngst verwichener Tage".

In Folge dieser wohlwollenden Bewilligung sandten die Krainischen Verordneten den armen jungen Nikol. Wuritsch mit einem Dankschreiben an den Herzog vom 9. Juli 1587 [1]) nach Tübingen. — Herzog Ludwig ging in seiner Güte gegen die Krainer noch weiter. Als diese im Jahr 1592 bei ihm eine Fürbitte für Thomas Spindler, den Sohn ihres vor Kurzem verstorbenen Superintendenten M. Christ. Spindler, eines gebornen Wirtembergers [2]), einreichten [3]), liess er denselben in das Tiffernum aufnehmen, obgleich schon zwei Plätze desselben mit Krainern besetzt waren, und schrieb:

Von Gottes Gnaden Ludwig Herzog von Würtemberg etc.

— Er habe Ihr fürbittlich Schreiben, weiland Ihres gewesenen evangelischen Predigers M. Christoph Spindlers hinterlassenen Sohn Thomas mit einem Tiffernischen vacirenden Stipendio bei seiner Universität zu Tüwingen gnädig zu bedenken etc., alles Inhalts vernommen, Und trage zuvörderst seines Vaters tödlichen Abgangs halben mit Ihrer Kirche (der er ziemlich viele Jahre mit getreuem Eifer und Fleiss wohl vorgestanden) ein christliches Mitleiden etc. Auf Ihre Intercession und Fürbitte wolle er gedachten jungen Spindler (ungeachtet dass vorhin zwei Krainer mit Namen Nicolaus Wyritsch und Jacob Dillschackh in dem Tiffernischen Stipendio seien, und also dieser Zeit keine Stelle ledig sei) dennoch als einen supernumerarium, bis sich künftig Gelegenheit zutrage, hiemit gnädig bewilligt haben, etc. Demnach mögen Sie ihn zu förderlicher Gelegenheit allher gen Tüwingen abfertigen lassen; u. s. w. Stuttgartten den 2 Mai 1592.

L. H. Z. Württemberg [4]).

Bei eintretender Gelegenheit kam Thomas Spindler nach Tübingen mit einem Dankbrief an den Herzog von „Einer E.

---

1) Krain. Land.-Arch. — Concept.
2) Th. Elze: Superintendenten, a. a. O.
3) Dieses Schreiben ward bisher nicht aufgefunden.
4) Krain. Land.-Arch. — Original m. eigenh. Unterschrift und Siegel.

der Augsb. Confession zugethanen Landschaft des Herzogthums Krain Verordneten" von Laibach 12. September 1592 [1]).

Auch Herzog Friedrich, welcher nach dem Tode Herzog Ludwigs diesem in der Regierung Wirtembergs folgte, erhielt dessen und Herzog Christophs Versprechen aufrecht, wenngleich er sich durch die Umstände veranlasst sah, den Krainern schon auf ihre erste Bitte eine abschlägige Antwort zu ertheilen. Diese schrieben ihm nämlich 1593:

— Sie erinnern sich dankbar an die vielen von Herzog Ludwig empfangenen Wohlthaten, besonders in Betreff des Stipendiums, bei welchem er zwei krainische Knaben zu dem studio Theologiae auszuhalten mit Gnaden gewilligt und solche gnädige Willigung auch nun etliche Jahre her aneinander zu nicht weniger Erbauung ihrer kleinen, doch eifrigen und christlichen Gemeinde im Werk bewiesen; sie stehen der getrosten Hoffnung, auch Er werde geruhen, in dessen Fussstapfen zu treten und sich die arme krainische Kirche empfohlen sein lassen, sonderlich auch die zwei krainischen Stellen in seinem Stipendio zu Tübingen, welche anjetzo Nicol. Buritsch und Jacob Tulschackh, beide krainische Studiosen, zu geniessen haben, noch gnädiglich dabei erhalten und handhaben lassen, um was sie hiemit fleissig bitten.

Nun aber ihr alter erlebter Kirchendiener Johannes Tulschackh [2]) ihnen mittheile, dass er auch seinen jüngern Sohn Kaspar dem theologischen Studium und Predigtamt gewidmet, aber unvermögend sei ihn länger bei den Studien zu unterhalten, und sie ersuche für diesen jüngern Sohn ihm eine Intercession und Fürschrift zu ertheilen: ob derselbe, bis etwa bei gemeldtem Stipendio zu Tübingen ein krainischer locus aus den angezogenen zwei Stellen sich erledige (was nicht lange

---

1) Krain. Land.-Arch. — Concept.

2) Hans Tulschak wirkte schon seit 1559 als evangelischer Prediger in Krain, beschäftigte sich auch literarisch (Kerszhanske leipe molitve skusi J. Habermann, tolmazhene skusi J. Tulszhaka, V Lublani M. D. LXX IX), ward 1590 emeritirt, und starb um 1594.

ausbleiben werde, da sie den genannten Nicol. Buritsch zu ihrem Kirchen- und Schulwesen bedürfen und demnach bald abzurufen gedenken), nicht weniger inzwischen durch ein provisorium beneficium gnädiglich unterhalten und sodann mit der sich erledigenden Stipendiatenstelle erfreuet und begabt werden möchte: So haben sie in diesem Fall das Begehren des wolermeldten alten, erlebten, um diese ganze christliche Gemeinde Augsb. Conf. ganz wohlverdienten Kirchendieners nicht abschlagen wollen, und bitten daher: neben dem ältern Jacobus auch diesen seinen jüngern Sohn Casparus etwa mit einer kleinen Unterhaltung bis zur Erledigung einer krainischen Stipendiatenstelle zu bedenken; — u. s. w. Laibach den 18 Oktober 1593.

N. Einer E. L. des Herzogthums Krain
Verordnete [1]).

Darauf erliess Herzog Friedrich folgende Antwort:
Von Gottes Gnaden Friedrich Herzog zu Württemberg und zu Teckh Graue zu Mümppelgart etc.

Unsern günstigen Gruss zuvor. Edle, liebe, besondern. Wir haben Euer Schreiben und Fürbitten, Eures alten erlebten Kirchendieners Jacob Dulschackhen jungen Sohn Casparum belangend, selbigen eine Zeit lang bis ein Tifferniticum Stipendium bei unserer Universität zu Tübwingen erledigt werde, mit einer gnädigen ziemlichen Unterhaltung zu bedenken etc. empfangen und fernern Inhalts vernommen.

Nachdem Ihr uns nun daneben erinnert, was der hochgeborne Fürst, Herr Ludwig Herzog zu Würtemberg etc., unser freundlicher lieber Vetter und Gevatter, höchstseliger Gedächtniss, Eurer evangelischen Kirche Augsburgischer Confession für Wohlthaten erzeigt, und sonderlich auch vor etlichen Jahren günstig und gnädig bewilligt, von den vier gestifteten Tüffernischen Stipendiis die zwei Euren Krainerischen tauglichen Landeskindern vor Andern zu conferiren und zu gön-

---

1) Krain. Land.-Arch. — Concept.

nen, sind wir (als die wir die Ehre Gottes, Fortpflanzung der reinen seligmachenden Lehre nicht weniger als S. L. mit christlichem Eifer zu befördern herzlich geneigt) auch des Erbietens Euch nach Gelegenheit und mit dem Mass, wie S. L. sich vor Jahren erklärt und es bewilligt (dass wir nämlich uns desswegen nichts obligiren, sondern eine freie Hand behalten) vor Andern zwei junge qualificirte Studiosos in berührtes Tiffernisches Stipendium (damit Ihr desto bass qualificirte und taugliche Ministros, die bei der christlichen evangelischen Gemeine in deutscher und windischer Sprache etwas Nützliches und Fruchtbarliches ausrichten, haben möget) zu bedenken.

Weil aber allbereit deren zween, nämlich Nicolaus Wuritsch und Jacobus Dulschackh, des vorgemelden Caspars Bruder, solche geniessen, und über dasselbige obgemeldter unser lieber Vetter und Gevatter, Herzog Ludwig seliger, vor anderthalb Jahren ungefähr auf Euer fürbittlich Schreiben auch' Thomam Spindlern, Eures gewesenen evangelischen Predigers M. Christophori Spindlers hinterlassenen Sohn (aus sondern Gnaden und bewegenden Ursachen) als einen Expectanten und Supernumerarium dergestalt bewilligt, wann aus den Gemeldten, dem Wuritsch oder Dulschackhen, einer von Euch 'abgefordert, er Thomas selbigem surrogirt werden solle, dass also, da wir diesem Casparo Dulschackhen (der doch zu einer Universität noch nicht qualificirt befunden) auch also eine Neben-Unterhaltung oder Beneficium bewilligten, Ihr nit nur zwei, sondern vier Stipendia zu geniessen hättet, daher denn andere arme Knaben (auf die es der Fundator ohne Benennung eines gewissen Ortes, gerichtet und gemeint) nit mehr zukommen könnten etc.: so haben wir demnach in Anschung dessen, und weil dieser junge Caspar Dulschackh, inmassen vorangeregt, ohne das zu einer Universität noch nit tüchtig, und noch zur Zeit nichts Fruchtbares ausrichten würde, Euch hierunter füglich nit zu willfahren gewusst, sondern ihn mit einem gnädigen Viatico bedacht, damit er wiederum in seine Patriam kommen könnte. Und versehen wir uns günstig und gnädig, Ihr werdet an obberührter Willfahrung und unserer Erklärung dankbarlich vergnügt und zufrieden sein. Sind Euch hieneben mit Gunsten und Gnaden gewogen. Datum Stutgartten den 29 Oktobris Ao. etc. 93.

Friderich mp.

(Aussen:) Dem Edlen, unsern Lieben besondern N. N. Einer Ehrsamen Landschaft in Krain Verordneten

zu   Laibach [1]).

In Übereinstimmung mit dieser huldvollen Gesinnung Herzog Friedrichs wurden später die krainischen Verordneten auf dessen ausdrücklichen Befehl durch die Superintendenten des Stipendiums sofort in Kenntniss gesetzt [2]), als Jakob Tulschak und Thomas Spindler (welcher 1595 nach Abgang des Nikol. Wuritsch in dessen regelmässige krainische Stipendiatenstelle eingerückt war) am 7. März 1596 wegen Unfleisses, und besonders weil sie (namentlich Spindler) gegen die Ordnung des Stipendiums öfter ohne Erlaubniss über Nacht ausgeblieben waren, vom Stipendium excludirt wurden, damit sie zwei andere qualificirte Personen an Jener Statt präsentiren möchten. Von Krain aus wurden darauf Johann Venezianer und Markus Koluder für das Tiffernum vorgeschlagen [3]), in welches diese auch 1596 aufgenommen wurden [4]). Sie waren wol die letzten der Krainer, die aus der Hinterlassenschaft ihres Landsmannes Tiffernus in Folge des besondern Wohlwollens dreier Herzöge von Wirtemberg gegen Land und Volk von Krain, für diess ihr Vaterland Nutzen zogen, dessen evangelische Kirche und Schule durch die Gegenreformation Erzherzog Ferdinands 1598 zerstört wurden.

Zwar empfahlen die Krainer noch 1601 den jungen in Laibach geborenen Michael Präntel, ältesten Sohn des frühern

---

1) Krain. Land.-Arch. — Original m. eigenh. Unterschrift und Siegel.
2) Krain. Land.-Arch — Original v. 7. März 1596 mit eigenhändigen Unterschriften und dem Privatsiegel des Secretärs.
3) Krain. Land.-Arch. — Concept v. 24. April 1596 an die Superintendenten des Tiffernischen Stipendiums.
4) Krain. Land.-Arch. — Concept v. 9. Juli 1596 an die Superintendenten des Tiffernischen Stipendiums.

Laibacher Schulrectors M. Jak. Präntel (1585—95), der von seiner Pfarrei Schladming in Steiermark durch die Religions-Reformations-Commission vertrieben worden war. Auch wandte sich noch im Jahre 1611 ein Idrianer Johann Summeregger an die der Augsburgischen Confession zugethanen Stände in Krain mit der Bitte, ihn zu einem Platz im Tiffernum zu verhelfen:

— Er habe sich bereits iu ziemlichem Alter der Wissenschaft zugewendet, auch bereits das erste Kränzlein erreicht, könne aber aus Armuth nicht weiter. Nun sei zu Tübingen ein Stipendium und Gestift, welches man nennet das Stipendium Differnianum, vor dieser Zeit von einem gottseligen Herrn mit dieser Condition aufgerichtet, dass allezeit zwei oder mehr Studenten aus dem löbl. Erzherzogthum Krain darin gepassirt und mit der Nothdurft erhalten werden sollen, damit sie desto leichter studiren. Er sei ein Krainer und bitte um eine Intercession an den Herzog von Würtemberg, damit er in das gemeldte Stipendium Differnianum aufgenommen werde, etc.

Johannes Summeregger Hydrianus [1].

In der That wurde auch diesem Bittsteller von den evangelischen Verordneten in Krain ein Empfehlungsschreiben an den Herzog von Wirtemberg ertheilt:

— Er werde sich ohne Zweifel erinnern, dass bei der Universität zu Tübingen vor Jahren von einem wohlvermöglichen gutherzigen Liebhaber freier Künste und Disciplinen ein Stipendium, Tiffernianum genannt, neben andern Verordnungen auch zu dem Ende gestiftet [2]), dass zumal aus diesem Herzogthum Krain aufs Wenigste zwei oder mehr Studiosi unterhalten werden sollen. Nun habe bei den allhier zum jüngstgehaltenen Landtag versammelten Ständen Augsb. Conf. Johannes Sumrakh, in Krain von ehrlichen Eltern geboren,

---
1) Krain. Land.-Arch. — Original.
2) So bald war also das Ganze, namentlich die Gnadenbewilligung der Wirtemberger Herzöge, in Krain unbekannt geworden und es scheint, als ob die Evangelischen keinen freien Zutritt zum Landesarchiv mehr gehabt hätten.

um eine Intercession gebeten, damit er in berührtes Stipendium aufgenommen werde. Sie bitten daher S. F. Gn. in Tübingen zu verfügen, dass gedachter Sumrakh, falls eine Stelle in berührtem Stipendio erledigt sei, vor Andern dahin befördert und aufgenommen werde; u. s. w. Geben zu Laybach der Haubtstatt in Crayn den 21 April 1611 [1]).

Einen Erfolg dürften jedoch beide Empfehlungen schwerlich gehabt haben.

Im Ganzen sind folgende Krainer als Stipendiaten des Tiffernums bekannt:

1558—65? M. Samuel Budina aus Laibach (1567 Artist, 1568 Jurist in Padua).

1558— ? Johann Gebhart aus Laibach (1568 Jurist in Padua).

1566—72 M. Georg Dalmatin aus Gurkfeld.

1569 M. Bernhard Steiner aus Stein bei Laibach.

5. 1570—73? M. Primus Truber der jüngere (geb. in Rotenburg a. d. Tauber, blieb in Wirtemberg).

1572—78 Blasius Budina (starb im Tiffernum).

1579—83? M. Moritz Faschang (schon seit 1578 immatriculirt, galt halb als Krainer, halb als Kärntner).

1583—84 Georg Diener aus Laibach (trat aus).

1585—90 M. Georg Clement aus Laibach (1590—94 in Wittenberg).

10. 1587—95 M. Nikolaus Wuritsch aus Laibach.

1588? M. Christoph Spindler aus Laibach (1588 immatriculirt [1]).

1591—96 M. Jakob Tulschak aus Laibach (1596 excludirt).

1592—96 Thomas Spindler aus Laibach (1592—95 supernumerär, 1595—96 in der Reihe, 1596 excludirt).

---

1) Krain. Land.-Arch. — Concept.

2) Muss anderwärts magistrirt haben, da er bei Stoll, Samml. aller Magister-Promot. zu Tübingen, Stuttg. 1756, nicht vorkommt.

1596—99 M. Johann Vinizianer aus Laibach (schon seit 1592 immatriculirt).

15. 1596—1600 M. Markus Koluder aus Laibach.

Gross war die Wohlthat, welche Wirtembergs Herzöge durch die Verfügung zweier Plätze im Tiffernum zu Gunsten von Krainern der evangelischen Kirche dieses Landes erwiesen, und dankbar hat die krainische Landschaft sich stets jenen Fürsten dafür tief verpflichtet erkannt. Natürlich aber war dieser einzige Weg nicht ausreichend um einen genügenden Nachwuchs für 20 —24 Predigerstellen der krainischen protestantischen Landeskirche und 6 Lehrerstellen am evangelischen Landesgymnasium heranzubilden. Da es jedoch meist unbemittelte Jünglinge, Söhne von Geistlichen und Lehrern, untergeordneten Landschaftsbeamten, Handwerkern und Bauern waren, welche sich dem Studium der Theologie widmeten, so wurde die Landschaft [1]) häufig genug um Unterstützung angegangen. Sie gab auch, aber sie sah bald, dass diese Gaben gut geregelt werden müssten, wenn sie gewünschten Erfolg haben sollten.

Bei einer Reorganisation des landschaftlichen Gymnasiums in Laibach 1582 betrieb das Laibacher Ministerium [2]), welchem zugleich die Kirchen- und Schul-Inspection oblag, die Ordnung dieser Angelegenheit. Die im Ausschuss versammelte Landschaft der Augsb. Conf. beschloss demzufolge am 3. April 1582 neben der neuen Schulordnung: „zu möglichster Steuer und Abhilfe bereits erscheinenden und zu besorgenden Mangels an tüchtigen Kirchen- und Schuldienern, die sowol der windischen als der

---

1) Der gesammte Adel des Landes mit Ausnahme von etwa 3—4 Familien, ebenso die Repräsentanz der Städte so weit sie frei gewählt war, waren damals evangelisch.

2) Krain. Land.-Arch. — Bericht des Ministerii in Laibach in Auftrag der Landesregierung, o. D. (1581): „inmassen wir denn jetzunder ausserhalb des Johannis Weidingeri" (der in Heidelberg, früher im Genuss eines pfalzgräflichen Stipendiums, studirte) „keinen krainerischen Studiosum auf keiner Universität wissen, der sich ad Ministerium präparirte". — Derselbe Bericht wurde im Januar 1582 bei den zum Hofseiding versammelten Landleuten wieder in Erinnerung gebracht.

deutschen Sprache kundig, drei besondere Stipendiaten, Krainerische Landeskinder, zuvörderst in facultate theologiae, ungefähr-
lich auf den Universitäten Tübingen, Heidelberg und Strassburg, jeden mit jährlich 50 Gulden (thut überall des Jahrs 150
Gulden rhein.) so lange zu unterhalten, bis Einer oder der Andere
zu der Landschaft Kirchen- und Schuldiensten, dazu sie sich in-
sonderheit verbinden sollen, für qualificirt erkannt und dazu berufen wird" [1]).

Die hier erwähnte Verpflichtung ging dahin: „fleissig zu
studiren, besonders in der h. Schrift sich zu üben, alle halbe
Jahr von der Facultät und seinen Präceptoribus den Verordneten
ein Zeugniss mit Gelegenheit zu überschicken, ohne Erlaubniss
der Landschaft auf keiner andern" (als der im Eingang der Verpflichtung genannten) „Universität zu studiren, noch weniger sich
auf eine andere Profession zu begeben, nach vollendeten Studien
sich auf Berufung der Landschaft in deren Kirchen- oder Schul-
dienste in deutscher, windischer und andern erlernten Sprachen,
dazu er am tauglichsten und verordnet, gegen gebührliche Be-
soldung gehorsamlich gebrauchen zu lassen, zu welchem allem er
neben schuldiger Dankbarkeit ohne Ausflucht verbunden sein und
verbleiben solle". Dieser eigenhändig geschriebenen und unter-
schriebenen Verpflichtung hatte auch der Vater (oder Vormund)
des Stipendiaten das Versprechen „seinen Sohn nach bestem Vermögen zu dem allem anzuhalten" und seine Mitunterschrift bei-
zufügen [2]).

Die Auswahl der Universitäten, auf welcher ein solcher Stipendiat studiren durfte, war genauer dahin bestimmt, dass derselbe „ein Jahr zu Strassburg, Heidelberg oder etwa an einer
andern christlichen Universität, bis er den Cursum Philosophiae
absolvirt und den gradum Magisterii erlangt, sodann ohne besondere Erlaubniss nirgend anders als zu Tübingen oder Jena"

1) Referent im Ausschuss war Superintendent Chr. Spindler. — Krain.
Land.-Arch. — Landschafts-Protokolle III; Rathschlag v. 1. Juli 1582, Reinschrift.

2) Krain. Land.-Arch. — Concept v. 1. August 1582.

(diess ward erst später zugefügt) „bloss im Studio facultatis Theologiae, und endlich so lange bis er zu der Landschaft Kirchen- und Schuldienst tauglich befunden und vocirt werde" zu studiren hatte [1]). Natürlich war damit auch für den philosophischen Curs Tübingen nicht etwa ausgeschlossen sondern es ward meistens auch für dieses gewählt.

Wenn diese krainische Landes-Stiftung auch nicht die vollen Früchte getragen hat, die man sich davon versprechen durfte, so zeigt doch das folgende Verzeichniss, dass nur drei dieser Stipendiaten das Stipendium nicht in Tübingen (Einer in Wittenberg, der Andere in Jena) genossen haben.

1582. Johann Weiss aus Laibach (schon seit 1581 in Tübingen immatriculirt, verzögerte er die Ausstellung des Reverses, — er ward 1583 Katholik und Jesuit — und erhielt daher das ihm zugesprochene Stipendium nicht wirklich ausgezahlt).

„ Johann Weidinger aus Laibach.

„ Markus Kumprecht aus Laibach.

1583. Andreas Schweiger aus Laibach.

5. 1585. Mathias Trost aus Idria.

1587. Daniel Xylander aus Laibach (schon seit 1584 in Tübingen immatric.)

1590. Johann Snoilschik aus Laibach (hatte 1587—88 in Wittenberg studirt, war 1588—90 Collaborator am Laibacher Gymnasium, und vollendete nun 1590—91 seine Studien in Jena).

„ M. Georg Clement aus Laibach (1585—90 im Tiffernum zu Tübingen, daselbst 1589 Magister, ging nun 1590—94 nach Wittenberg).

1592. Gregor Prosser aus Laibach (das Stipendium ward ihm 1596 entzogen).

10. 1594. David Verbez aus Laibach (verlor das Stipendium

---

1) Krain. Land.-Arch. — Original-Obligation des Mathias Trost aus Idria v. 23. Januar 1585. — Vgl. Dimitz: Gesch. Krains, III, 152 f.

1598, weil er zur Medizin übertrat; er studirte damals nicht in Tübingen).

1595. Johann Wolfinger aus Laibach (schon seit 1592 in Tübingen immatric.; das Stipendium ward ihm 1596 entzogen).

1595. Abel Faschang aus Selz bei Treffen (schon .seit 1592 in Tübingen immatric.). —

So viele und so geregelte Beziehungen zur wirtembergischen Universität Tübingen wie Krain hat weder damals noch je sonst irgend ein anderes Land des deutschen Reiches gehabt. In Krain haben daher auch Tübinger Geist und Tübinger Wissenschaft ‹vielseitiger und tiefer weitergewirkt als sonst irgendwo ausserhalb Wirtembergs. Die Spuren davon zeigen sich im Leben und Wirken derjenigen Krainer, die in Tübingen studirt haben, so weit eine Kunde davon auf uns gekommen ist. Die nachfolgenden, zumeist aus archivalischen Quellen geschöpften biographischen Notizen reflectiren zugleich die Geschichte des schönen Krainerlandes zu jener Zeit, seine Blüthe und seinen Niedergang.

IV. Die in Tübingen immatrikulirten Krainer.

(1530—1614.)

1. 1537, 21. Nov. [1]) — **M. Matthias [Garbitius]** Illiricus, ordinarius graecae linguae; quia Ordinarius huc vocatus nil dedit.] Über Garbiz s. ob. S. 3. — Diese Eintragung in die Universitäts-Matrikel hat offenbar keine andere Bedeutung als Aufnahme in das akademische Bürgerrecht. — Sein Sohn Christoph Garbitius ward im April 1554 als Tubingensis immatriculirt, und entwich 1563 heimlich von Tübingen (Mohl, Sitten und Betragen der Tübinger Studirenden, 2. Aufl., Tübingen 1871, S. 27 f.).

2. 1541, 20. Mai. — **Joannes Draigoienus** (Dragosicius? Dragoticius? Dragotinus? Dragognanus?) Illiricus, ex oppido Stinigknack (Sovignaco?)] Diese fremdländischen Namen sind vom Abschreiber bis zur Unkenntlichkeit verunstaltet. Stinigknack dürfte Sovignaco unfern des Baches und Ortes Dragusch (wovon dann der Name Dragosizh abgeleitet werden könnte, wie Dragognanus von Ort und Bach Dragogna) bei Pinguente in Istrien sein.

3. 1543, 3. Apr. — **Jacobus Volcamerarius** Illiricus.]

4. 1543, 29. Juni. — **Michael Zigeiner** Illiricus ex Widpania (Wippavia?)] Vermuthlich Einer aus der zahlreichen Familie Zigan, d. i. Zigeuner, aus Wippach im südlichen Krain.

5. 1556, 30 Nov. — **Balthasar Seprecht** Illiricus.] Gebürtig aus Wippach wurde er mit drei andern Wippachern auf Befehl Erzherzog Karls 1580 vom Freiherrn Lorenz von Lanthieri wegen des evangelischen Glaubensbekenntnisses aus der Heimath „abgeschafft". Auf eine Gegenvorstellung und Fürbitte der krainischen Stände befahl der Erzherzog 28. Aug. 1581 dem Freiherrn Lanthieri: dieselben nur dann unbekümmert heimkehren zu lassen, wenn sie eine Urkunde fürbringen, dass sie wiederum ad gremium ecclesiae getreten, hinfür den Unterthanen insgemein gleich leben, mit unserer christlichen katholischen Religion zufrieden sind und der angemassten Neuerung gänzlich müssig gehen wollen; wenn sie aber ohne diess sich wieder einschleichen wollten, solle er sie festnehmen und dem Patriarchen von Aquileja zur weitern Procedur übergeben (also ins Ausland, gegen alles Landesrecht, da der Patriarch keine Jurisdiction in Krain besass). Vgl. Dimitz III, 84. Obgleich nie heimgekehrt ward Balth. Seprecht, des Freiherrn Lanthieri Unterthan, ein Studirter und Sr. F. D. Holz-

---

1) Das vorn angegebene Datum ist dasjenige der Immatrikulation. — Matr. Univers. Tubingens in der Tübinger Universit.-Bibliothek.

händler, 1584 mit Math. Trost, ebenfalls Lanthierischem Unterthan, und noch
21 andern angesehenen Wippacher Bürgern vorgeladen um wegen der evangelischen Religion gänzlich verbannt zu werden. Unzweifelhaft hat der arme
Herr Seeprecht seine Heimath nie wiedergesehen.

6. 1558, 15. Juni. — **Samuel Budina** ex Carniola]. Gebürtig aus Laibach,
Sohn des Schulrectors M. Leonh. Budina, der erste Stipendiat aus Krain im
fürstl. Stipendium zu Tübingen, magistrirte hier 1. Aug 1565 (als Nr. 9 derselben Promotion, in welcher Nikod. Frischlin Nr. 1 war), ward nach seiner
Rückkehr in die Heimath Erzieher der Söhne des Herrn Hans von Auersperg
auf Schönberg, am 20. Juni 1567 bei den Artisten und am 12 Dec. 1568
(zugleich mit Georg Kisel, dem spätern krainischen Mäcen) bei den Juristen
in Padua inscribirt, bei den letztern auch 1569 einer der beiden Procuratoren zur Verwaltung ihrer Kasse und anderer nationalen Corpsangelegen-
heiten. Am 31. Okt. 1569 ward er, der nie ein theologisches Examen gemacht
hatte oder ordinirt worden war, in Laibach als Vertheidiger bei der Land-
schranne mit 60 Gulden Jahrgehalt zugelassen, starb jedoch schon im Winter
1571 plötzlich in Folge eines unglücklichen Sturzes mit dem Pferde.

Noch als Erzieher auf Schloss Schönberg verfasste Samuel Budina nach einem
kroatischen Bericht eine lateinische Schrift, die an Zahl der Ausgaben und
Wiederdrucke unter allen Werken krainischer Schriftsteller nur von Vega's Lo-
garithmen und Anast. Grün's Dichtungen übertroffen wird. Das ist seine, als
Quellenwerk geltende Historia Sigethi (Zrini's Heldentod 1566), Viennae 1568;
deutsch (ohne des Verfassers Namen): Nürnberg o. J. (1568); ital.: Venetia s. a.
(1569 oder 1570); ausserdem abgedruckt in Schardius', Reusner's, Schwendt-
ner's, Honigerus' u. A. Werken.

7. 1558, 15. Juni. — **Johannes Gebhardt** (Gebhart) ex Carniola]. Aus
Laibach gebürtig, vermuthlich ein Sohn Wolfg. Gebharts, der 1544 u. 1548
Bürgermeister von Laibach war, mit Sam. Budina zugleich Stipendiat im f. Tif-
fernum in Tübingen, schrieb er zu des Letztern Hist. Sigethi ein darin mit abge-
drucktes längeres lateinisches Gedicht in Distichen, inscribirte sich wie dieser
bei den Juristen in Padua am 17. Dez. 1568 (zugleich mit einigen jungen
Auerspergen), ward 1570 Collaborator am Landschaftsgymnasium zu Laibach,
wo er jedoch schon am 30. März 1571 wegen unangenehmen Verhältnisses zum
Rector Ad. Bochoritsch seinen Abschied nahm. Er wandte sich hierauf (wie Sam.
Budina) zur Juristenlaufbahn ward 1576—84 Kriegssecretär der krain. Landschaft,
1583 einer der prot. Schulinspectoren, und 1596—98 Landessecretär in Krain.

8. 1561, 24. Apr. — **Josephus Daschutz** (Taschitz) Carniolanus.] Ein
Laibacher, der später den (nächstfolgenden) Herrn Hans von Gallenberg nach
Padua begleitete, wo er sich am gleichen Tage mit diesem den 15. Mai 1565
bei den Juristen als „Josephus Taschitz Labacensis" einschrieb.

9. 1562, 27. Mai. — **Joannes a Gallenberg** Carniolanus.] Herr Hans
von Gallenberg zum Gallenstein in Landspreis, später F. D. Rath und Inhaber

der Herrschaft Nassenfuss in Unterkrain, entstammte einer der angesehensten Adelsfamilien des Landes; sein Vater, der edle Ritter Jobst von Gallenberg (gest. 1. Okt. 1566), war eines der Häupter der Protestanten in Krain, und seine Mutter Polyxena geb. Auersperg (gest. 17. Jan. 1568) that es ihrem Gemahle in evangelischer Frömmigkeit gleich. Mit einigen Freunden aus Kärnten und Steier (Paradeiser, Greissenegk u. A.) und einem Präceptor aus Franken zog der junge Herr Hans 1562 zur Universität nach Tübingen, und begleitet von dem eben vorher genannten Jos. Taschitz 1565 nach Padua (inscr. 15. Mai 1565: „Joh. a Gallenberg in Gallenstein de Turri"). Der Tod seines Vaters (1566) mag ihn bald von dort zurückgerufen haben. Schon 1569 wird er als einer der Hauptgewerken des Quecksilberbergwerkes Idria genannt, und er muss sich bald den Ruf administrativer Tüchtigkeit und Vertrauen zu seiner politischen Einsicht und Geschicklichkeit erworben haben. So erwählten ihn die Landstände schon 1571 ff., dann wieder 1581 ff. zum Verordneten, und übertrugen ihm 1572 und 1579 in Religionsangelegenheiten Gesandtschaften an den Landesfürsten Erzh. Karl in Graz. Im Frühjahr 1583 versah er die Stelle eines Viceverwalters der Landeshauptmannschaft in Krain, und im selben Jahre ward er auch in den evangelischen Schulrath dieses Landes gewählt [1]). So erscheint Herr Hans von Gallenberg, ein treues Abbild seines trefflichen Vaters, stets zugleich als ein hervorragender Vertreter der politischen Angelegenheiten und der evangelischen Kirche seines Vaterlandes.

10. 1562, 24. Nov. — Joannes Tiffrer Labacensis.] Er war ein Sohn Georg Tiffrer's, der 1552—54 und 1556—58 Bürgermeister von Laibach war, und reiste im Okt. oder Nov. 1562 mit noch einem Bruder und Samuel Budina (der einen Besuch in der Heimath gemacht hatte) nach Tübingen.

11. 1563, 13. Juli. — Leonhard Mercherick (Mercherich) Illyricus.] Leonhard Mercheritsch, aus einer edeln Familie im südlichen Krain entsprossen, übersetzte während seines Aufenthaltes in Tübingen einige Stücke des Propheten Jesaia in das Krobatische (in glagolischen und in lateinischen Lettern) für Ungnads krobatische Bibeldruckerei in Urach [2]), und war 1567 f. und 1570 f. als Mentor zweier Freiherren von Stubenberg aus Steiermark und des jungen Georg von Kisel aus Laibach in Padua, wo er 1570, obschon bei der deutschen Nation nicht eingeschrieben, doch dieselbe bei dem früher (S. 24, Anm. 1) erwähnten Weydacher'schen Falle durch Abfassung ihrer Beschwerdeschriften und im Mai 1571 als Sprecher ihrer Deputation vor dem Dogen Alvise Mocenigo ehrenvoll vertrat [3]). Dem D. Nikodemus Frischlin, den er wol schon von Tübingen her kannte, war er in Laibach 1582 zur Abfassung seiner grammatika-

---

1) Siehe meinen Aufsatz: „Die evangel. Kirchenräthe in Steiermark, Kärnten, Krain und Görz während des 16. Jahrhunderts" in den Prot. Blättern f. d. evang. Österreich 1863, Nro. 33, S. 273. — Dimitz, Gesch. Krains, III, 172.

2) Schnurrer, Slav. Bücherdruck in Würtemberg, S. 69 ff.

3) Steir. Landes-Archiv. — Paduaner Univers.-Archiv. (Annal. Legist. Nat. Germ.)

lischen Werke dadurch behilflich, dass er ihn aus der Kisel'schen Bibliothek mit verschiedenen Grammatiken versorgte [1]). Mitglied der evang. Landstände Krains ertheilte er diesen 1599 schriftlich seinen Rath über ihr Verhalten gegen Erzh. Ferdinands Gegenreformation, und unterzeichnete noch 1600 mit ihnen die Denkschrift, welche sie zugleich mit denjenigen Steiermarks und Kärntens in dieser Angelegenheit durch eigene Abgesandte an Kaiser Rudolf den II. gelangen liessen. Somit erlebte er die Blüthe und den Untergang der evang. Kirche in Krain. Da er ohne männliche Nachkommen war, adoptirte er seiner Schwester Sohn, Leonhard Fabianitsch, der 1593 in Padua die Rechte studirt hatte, und machte ihn zu seinem Erben unter der Bedingung, dass er den Namen „Mercheritsch genannt Fabianitsch" annehme [2]). Dieser änderte Namen und Religion, und war 1651 landschaftlicher Beisitzer und 1663 Verwalter des Vicedomamts in Krain.

12. 1565, 14. Jan. — **Caspar Mirus Illyricus**]. Ein „Kaspar Wunderlich" bat 1571 die Verordneten in Krain um die Schulmeisterstelle in Neustadtl (Rudolfswerth); diese hielten jedoch den Bittsteller für nicht geeignet und schlugen das Gesuch ab. Derselbe wird noch 1575 unter den in der Stadt Stein bei Laibach ansässigen Protestanten genannt.

13. 1566, 31. Mai. — **Trojanus Baro de Aursperg Erbkhammerer in Krain**]. Trojan II. von Auersperg (geb. 1555) war der kaum zwölfjährige dritte Sohn des berühmten Freiherrn Herwart (VIII) von Auersperg und seiner Gemahlin Marie Christine geb. Freiin von Spaur und Valör [3]), welche zwar die Schwester des Coadjutors von Brixen Johann Thomas, aber eben so eifrig evangelisch wie ihr Gemahl war. Der junge Trojan wurde vermuthlich von (dem nächstfolgenden) Gregor Faschang nach Tübingen begleitet. Im December 1568 inscribirte er sich mit seinen beiden ältern Brüdern Christoph und Wolfgang Engelbert und seinem Vetter Lorenz von Egk nebst Joh. Gebhardt (s. oben S. 65) bei der Juristenfacultät in Padua, wie das acht Tage vorher seine Freunde Georg Kisel und Georg Ainkirn mit M. Sam. Budina (s. oben S. 65) gethan hatten. Aber leider starb er hier schon im folgenden Jahre (1569), und ward am 8. März in der Augustinerkirche daselbst begraben.

14. 1566, 31. Mai. — **Gregorius Faschang Carniolanus**]. Er gehörte zu einer weitverzweigten krainischen Predigerfamilie, war auch selbst 1580 Prediger in Oberkrain (obschon nicht von der Landschaft angestellt), und eine Zeit lang evangel. Pfarrer zu Tarvis in Kärnten, wo er jedoch resignirte; 1581 ohne Amt, unterzeichnete er 1582 mit den kärntnischen Geistlichen die Concordienformel.

15. 1566, 8. Juni. — **Leonhardus Maraula** (Mraula) **Labacensis Typographus**]. Seit 18. Aug. 1563 in der Druckerei des Herrn Ungnad in Urach

---

1) Strauss, Nik. Frischlin, S. 262.
2) Alb. Jurist. Nat. Germ. Patav. — Dimitz, Gesch. Krains, IV, S. 90, Anm. 56.
3) P. v. Radics, II. v. Auersperg, S. 125.

beschäftigt, ward Mraula, als jene mit Ungnads Tode (1564) und dem Abzuge Consuls und Dalmata's (März 1566) aufgelöst wurde, akademischer Bürger in Tübingen. Wie er in Urach ein werthvoller Arbeiter für die krobatische und slovenische Literatur gewesen, war er es vermuthlich auch in Hans Mannels neuer Druckerei zu Laibach (1575—80). In den Jahren 1583—84 befand er sich mit dem (nächstfolgenden) Bibelübersetzer Georg Dalmatin und dem Grammatiker Adam Bochoritsch zum Druck der slovenischen Bibel in Wittenberg [1]).

16. 1566, 19. Aug. — **Georgius Dalmatinus** Carniolanus]. Um 1550 zu Gurkfeld in Unterkrain in ärmlichen Verhältnissen geboren, kam Georg Dalmatin durch Prim. Trubers Fürsorge ziemlich jung nach Wirtemberg. Erst 1565—66 in der Klosterschule zu Bebenhausen bei Tübingen, dann 1566—72 im Tiffernum gebildet, nachdem er schon 1569 magistrirt hatte und 1572 in Stuttgart examinirt und ordinirt worden war, ward er 1572 Prediger in Laibach, hatte aber daneben auch 1574—85 die evangelische Kirche zu Vigaun in Oberkrain, und 1585—89 die Pfarrei von S. Canzian bei Auersperg zu besorgen. Diese Amtsreisen waren nicht immer ohne Gefahr, wie denn Dalmatin im Sommer 1585 zu Lack in Oberkrain lebensgefährlich bedrohet wurde. Doch widerfuhr ihm nichts. Leider starb er im besten Alter am 31. Aug. 1589 zu Laibach, wo er am 1. Sept. d. J. mit einer Leichenrede des Predigers M. Bened. Pyroter (Feurer) über Jes. 51, 1—2 bei S. Peter begraben wurde.

Durch Pr. Truber selbst literarisch herangebildet und in die Oeffentlichkeit eingeführt, ist er dessen grösster Nachfolger und nächst ihm der bedeutendste slovenische Schriftsteller des 16. Jahrhunderts und drüber hinaus geworden. Von ihm erschienen: De Catholica et Catholicis Disputatio (Praeside Jac. Heerbrando), Tubing. 1572 (lat.); 1574, 75 u. s. f. einzelne kirchliche Lieder (slov. — in Trubers Kirchengesangbuch, 3te ed. Tub. 1574, u. sonst); — 1576 eine Passion (slov.; — in Prosa und Poesie); — 1578 der Pentateuch (slov.); — 1580 die Sprichwörter Salomo's (slov.); — 1584 die ganze h. Schrift (slov.); — 1584 Betbüchlein windisch (nach Andr. Musculus); 2. Aufl. 1595 (besorgt durch Felix. Truber); — ausserdem besorgte er 1579 (mit Spindler) die 4. Aufl., und 1584 die 5. Aufl. des slov. prot. Kirchengesangbuches. So entwickelte G. Dalmatin neben angestrengter amtlicher, eine ausgedehnte literarische Thätigkeit, deren Wirkung weiter reichte und länger dauerte, als die der erstern. Als Bibelübersetzer und kirchlicher Schriftsteller hat er sich einen unvergänglichen Namen erworben [2]).

17. 1567, 21. Jan. — **Thomas Rumpler** von Radtmannsdorff Cranus.]

---

1) Dimitz, Gesch. Krains, III, S. 201 ff.
2) Dimitz, Gesch. Krains, III, 194—211. — Die slov. Übersetzung des Jesus Sirach, Laibach 1575 — welche ihm von Vielen zugeschrieben wird, obschon sie seinen Namen nicht trägt — dürfte von ihm (und Bochoritsch) bloss revidirt und corrigirt worden sein.

Ein Theodor Rumpler, aus Krain gebürtig, war 1593 wirtembergischer Hof-musikus [1]).

18. 1568, 10. Mai. — **Primus Truberus** Rotenburgensis ad Tuberam.] Der älteste Sohn des krainischen Reformators Prim. Truber war um 1550 in Rotenburg an der Tauber geboren, wo sein aus der Heimath vertriebener Vater 1548—52 Prediger war und sich verheirathet hatte. Obwol dieser jetzt (1566 —86) Pfarrer in Derendingen bei Tübingen war, ward der Sohn doch halb als Krainer betrachtet, kam 1570 ins Tiffernum, magistrirte 1573, und ward später Pfarrer in Kilchberg (nicht weit von Derendingen), wo er am 20. Aug. 1591 starb. Nach seines Vaters Tode hat er sich wie dieser eifrig und aufopfernd der armen krainischen Studenten in Tübingen angenommen.

19. 1568, 29. Mai. — **Laurentius Engelshauserus** Labacensis.] Ver-muthlich war dieser junge krainische Adlige vom Nächstfolgenden begleitet.

20. 1568, 29. Mai. — **Andreas Savinitz** (Saviniz) Labacensis.] Er war vielleicht ein Sohn des Christoph Saveniz, der 1563 Herrn Hans Ungnads Ver-walter zu St. Wolfgang in Kärnten war. In Tübingen war Andr. Saviniz (Sa-vinus) Prim. Trubern 1572 bei seinen slovenischen Übersetzungen als Amanuen-sis und Corrector behilflich, und leistete später als Diakonus zu S. Canzian bei Auersperg (als welcher er schon 1579 vorkommt und 1580 die Concordienformel unterschrieb) 1581 ähnliche Hilfe bei Dalmatin's Bibelübersetzung. Die litera-rischen Hoffnungen, welche Truber von ihm in gleichem Masse wie von Dalmatin gehegt hatte, erfüllten sich jedoch nicht. Noch 1595 Prediger in S. Canzian schrieb er eine kleine slovénische Vorrede zu der von Prim. Truber hand-schriftlich hinterlassenen, durch Felizian Truber 1595 in Tübingen herausge-gebenen windischen Übersetzung der Hauspostille Luthers.

21. 1568, 26. Nov. — **Franciscus Gall** a Gallenstein zum Lug (Luegg) Carniolanus.] Herrn Christoph Gall's Sohn, kam er mit Meister Barthol. Vodabinz von Neustadtl nach Tübingen, wo er sich namentlich mit Christoph und Andreas von Auersperg und Jakob Gall (s. nachher 1569) zusammen an den alten Primus Truber anschloss (s. S. 31, Anm. 3). Franz Christoph Gall war 1584—94 Verordneter der krainischen Landschaft, und 1587 Viceverwalter der Landeshauptmannschaft während der von katholischer Seite hervorgerufenen Veldeser Religionsunruhen [2].

22. 1569, 22. Apr. — **Bernhardinus Stanier** (Stainer), et

23. 1569, 22. Apr. — **Franciscus Stanier** (Stainer), fratres, Lithopoli-tani.] Diese beiden Bürgerssöhne aus der Stadt Stein bei Laibach begaben sich mit einem dritten Bruder, welcher Schneider war, nach Tübingen, während ein vierter Bruder in Stein zurückblieb. Mit diesem hatten die beiden ersten sich bald darauf durch den zurückgesendeten dritten Bruder wegen des väter-

---

1) Strauss, Nikod. Frischlin, S. 256.

2) Dimitz, Gesch. Krains, III, 125 ff.

lichen Erbes auseinanderzusetzen, und konnten nur mit Noth ihre Studien fortsetzen.

Bernhard Steiner magistrirte schon am 10. Aug. 1569 (zusammen mit Georg Dalmatin) erhielt 1569 einen Platz im Tiffernum, und ward bald darauf durch Prim. Trubers Vermittlung Präceptor des in Tübingen studirenden jungen Freiherrn Andreas von Auersperg (s. nachher 1569). Im Jahre 1573 berief ihn Freiherr Barthelmä von Khevenhüller · auf Landskron als evangelischen Pfarrer nach S. Ruprecht in Kärnten [1]); 1576 ward er Pastor und Superintendent in Klagenfurt, als welcher er 1582 die Concordienformel unterzeichnete; im Mai 1593 wirkte er noch in Klagenfurt, dürfte aber bald nachher gestorben sein. Sein Sohn D. Bernh. Steiner studirte 1595 Medizin in Padua und wurde dann prakt. Arzt zu Vückermarkt in Kärnthen. Dessen Sohn Joh. Friedr. Steiner aus Völkermarkt (Gentiforanus) studirte 1620 ebenfalls in Padua. — Von M. Bernh. Steiner giebt es: Disputatio de Consiliis (Praeside Jac. Andreae), Tubing. 1572 (lat.); eine handschriftlich noch vorhandene Predigt von ihm ist eben so einfach, kurz und bündig, als treffend, ruhig, und evangelisch erbaulich [2]).

Franz Steiner kehrte noch im selben Jahre nach Laibach zurück, wo er noch im Okt. 1569 als überzähliger Geistlicher und allgemeiner Landes-Aushilfsprediger angestellt wurde, aber schon im folgenden Jahre 1570 starb.

24. 1569, 23. Apr. — **Foelicianus Truberus.**] Der jüngere Sohn des krainischen Reformators Primus Truber, geboren in Kempten um 1553, studirte als Stipendiat im Fürstlichen Stift zu Tübingen; 1575 Baccalaureus, 1578 Magister, 1580 Prediger in Laibach, 1591 Pastor und Superintendent der windischen, 1594 auch der deutschen Kirche in Krain, ward er 1598 (seine Gattin 1599) aus Laibach und allen östreichischen Erblanden verbannt; zwar hielt er sich noch eine Zeit lang in Krain auf den Schlössern des Adels (bei Leop. Raumbschüssel, bei Dan. Schwab, bei Sam. Hasiber, bei Wilh. und Max Gall, bei Hans Ludw. Sauer, bei Herwart von Lamberg) verborgen, musste aber 1600 endlich das Land verlassen. Er kehrte nach Wirtemberg zurück, wo er Pfarrer in Grünthal ward. — Um die krainische Literatur hat er sich dadurch verdient gemacht, dass er 1595 in Tübingen die Herausgabe von seines Vaters slovenischer Übersetzung der Hauspostille Luthers, einer neuen Auflage von Dalmatin's Gebetbuch und des slovenischen Kirchengesangbuches, und den Druck einer slovenischen Übersetzung des Lutherischen Katechismus von Joh. Snoilschik (s. früher S. 62) besorgte. Diess waren die letzten in Wirtemberg gedruckten slovenischen Bücher, wie sein Vater dort die ersten hatte drucken lassen (1550). Und wie unter diesem die evangelische Kirche in Krain ihren Anfang genommen hatte, so endete sie unter jenem. Beide aber starben fern von Krain im gastlichen Wirtemberg [3]).

1) Czerwenka, Die Khevenhiller, S. 310 f.
2) Krain. Land.-Arch.
3) Th. Elze, Superintendenten, S. 52—59.

25. 1569, 17. Mai — **Andreas ab Auersperg** Dominus in Schönberg.] Andreas, der Sohn des Freiherrn Wolf Engelbert von Auersperg und seiner zweiten Gemahlin Anna von Lamberg, Erbmarschall in Krain und der windischen Mark, war nebst Herwart von Auersperg, der grösste Held dieser Familie, deren Schönberger Linie in ihm den grössten Glanz und Ruhm erreichte [1]). Geboren 1557 kam er als zwölfjähriger Knabe nach Tübingen, wo durch Prim. Trubers Vermittlung der treffliche M. Bernhard Steiner (s. S. 70) sein Präceptor ward. Beide verliessen 1573 Tübingen; M. Steiner ward Pfarrer in Kärnten. Herr Andreas ging zur Universität nach Padua und 1574 nach Bologna. Im Jahre 1577 begleitete er den Statthalter der Niederlande Erzherzog Mathias in jene Provinzen. Im folgenden Jahre zurückgekehrt, kämpfte er 1578 unter Ritter Hans Ferenberger als Hauptmann über hundert husarische Pferde in Croatien [2]), und 1579 unter Christoph von Auersperg in der illyrischen Grenze gegen die Türken. Fortan führte er ein beständiges Kriegerleben zur Vertheidigung des Vaterlandes gegen den Erbfeind der Christenheit. Im Jahr 1591 ff. war er Oberster der kroatischen und der Meergrenze und General von Karlstadt. Durch den wichtigen, in der Geschichte der Türkenkriege denkwürdigen Sieg bei Sissek am 22. Juni 1593 [3]) erwarb er sich grossen Ruhm, starb aber im folgenden Jahre 1594, erst 37 Jahre alt. Man nannte ihn den „Krainischen Achilles".

26. 1569, 17. Mai. — **Jacob Gall a Gallenstein**.] S. ob. bei Franz Gall S. 69.

27. 1569, 17. Mai — **Michael Zheskher** (Zetschker) Labacensis.] Herr Michael Tschetschker gehörte einer edeln krainischen Familie an. Seine Gemahlin war Barbara von Berno, die 1581 starb und am 2. Juni desselben Jahres vom Superintendenten Chr. Spindler in Laibach begraben wurde. Beider Sohn Valentin besuchte 1584 die vierte Klasse des Laibacher Gymnasiums unter Nikod. Frischlin. Noch 1600 unterzeichnete Herr Mich. Tschetschker die Vorstellung der Stände an den Kaiser in Betreff der Gegenreformation (s. oben bei Leonh. Mercheritsch, S. 67). — Ein Herr Hans Wilh. Tschetschker und eine verwitwete Frau Margaretha Tschetschker geb. Praunsperger nebst deren Tochter verliessen bei der Gegenreformation als evangelische „Exulanten" ihr Vaterland; Fr. Margaretha Tschetschker starb 1630 zu Regensburg. — Andere Nachkommen wurden katholisch; Joh. Christ. Freiherr von Tschetschkar und Mettlichen studirte 1619 in Padua; Franz Erasm. und Andr. Dan. Tschetschker nahmen 1651 an der Huldigung der krainischen Landschaft für K. Ferdinand IV. Antheil. — Auch die Gemahlin des Freiherrn Joh. Weikhard von Valvasor, des berühmten Verfassers der „Chronik und Ehre des Herzogthums Krain" (1689), vermählt 1687, Anna Maximilla war eine geborne Tschetschker.

---

1) Radics, H. v. Auersperg, S. 57 ff., 162. — Matr. Patav. et Bonon.
2) Vgl. VICTORIA. Frewdenreiche Türckische Niderlag, und sieghaffte Schlacht, dess etc. Herrn Joann. Ferenberger's etc. Obristen Leittenant vff der Welayer Hayden, in Crabaten end auff der Meergrentzen 1578. Nürnberg o. J. (1578).
3) P. von Radics, Die Schlacht bei Sissek, Laibach 1861.

28. 1569, 21. Mai. — **Zacharias Tholhopff** Labacensis.] Er war vermuthlich ein Sohn des Felix Tholhopf, der 1564, 71 und 72 Stadtrichter von Laibach war, und 1573 der erste Oberbergrichter von Krain und Görz wurde.

29. 1569, 23. Mai. — **Mathias Bohemus** Carniolanus.] Die Familie Behem war in der Herrschaft Veldes ansässig, deren Hauptmann und Pfandinhaber damals (1566—74) Herwart (VIII) von Auersperg war. — Noch 1589 lebte von dieser Familie der siebzigjährige Lienhard Behem, Veldeser Unterthan, zu Ratschitz in Oberkrain. Der junge Math. Behemus kam zusammen mit Math. Maurus, mit dem er die Schule in Ulm besucht hatte, nach Tübingen, wo beide 1570 von der krainischen Landschaft erfolglos für das Tiffernum präsentirt wurden. (Vgl. oben S. 35 ff.)

30. 1572, 11. Febr. — **Blasius Budina** Tirolensis (recte: Carniolanus).] Blasius Budina war ein geborner Krainer und Verwandter des alten Laibacher Schulrectors M. Leonh. Budina. Er besuchte die Schulen zu Laibach und Strassburg, und erhielt 1572 einen Platz im Tiffernum (s. o. S. 45 f.). Nach einem Besuche bei seinen Verwandten in Laibach 1577 kehrte er noch einmal nach Tübingen zurück, starb aber hier im folgenden Jahre 1578 [1]).

31. 1575, 7. Febr. — **Georgius Kern** Carniopolitanus.] Von den Lebensumständen dieses Krainburgers ist nichts Näheres bekannt.

32. 1575, 13. Dec. — **Johannes Jacobus a Lamberg** Liber Baro in Stein et Guttenberg.] Er studirte 1579 in Padua.

33. 13. Dec. — **Andreas a Hohenwart** zum Gerlachstein und Rabensperg.]

34. 13. Dec. — **Maximilian Gall** zu Rudolphseckh.] Er beherbergte 1599 eine Zeit lang den flüchtigen, von der Gegenreformation geächteten und verfolgten Superintendenten M. Felix. Truber (s. oben S. 70).

35. 1575, 13. Dec. — **Johannes Ludovicus Saur** (Sauer) zum Kosieckh und Treffen.] Er studirte 1587 in Padua und war 1593—94 und 1598—99 Verordneter der krainischen Landschaft. In der Zeit seiner letzten Verwaltungsthätigkeit brach 1598 die Gegenreformation aus, wobei er Gelegenheit hatte, den obengenannten Superintendenten Felix. Truber zu retten, den er auch 1599 einige Zeit bei sich versteckt hielt. Im Jahr 1600 unterzeichnete er die schon öfter erwähnte Vorstellung an den Kaiser.

36. 1578. — **Christoph Forschan** (Faschang) von Klagenfurt], und

37. 1578. — **Mauritius Forschan** (Faschang)], Brüder. Diese beiden Brüder, obschon ausdrücklich als Klagenfurter bezeichnet, galten doch halb als Krainer, weil ihr Vater Hans Faschang, damals evang. Pfarrer zu Tulschnik in Kärnten, aus Krain gebürtig und hier zu Hause war. Daher wurden sie

---

1) Von den krainischen Ständen wird er im Schreiben an Herzog Ludwig von Wirtemberg v. 4. März 1579 (s. oben S. 46) als Magister bezeichnet, findet sich aber in Stoll's Magister-Promotionen nicht.

auch 1579 von den Krainern dem Herzog Ludwig von Wirtemberg zur Aufnahme ins Tiffernum empfohlen [1]), welche auch dem Mauritius Faschang zu Theil wurde. Derselbe magistrirte 1583 in Tübingen [2]).

38. 1580, 15. Sept. — Joannes Gartnerus Labacensis.] Vermuthlich ein Sohn Wolf Gartner's [3]), der 1575—76 und 1580—81 Stadtrichter, seit 1583 Mitglied des evangelischen Schulrathes und 1584—87 Bürgermeister von Laibach war. Hans Gartner magistrirte 1585 in Tübingen und lebte noch 1592 in Laibach.

39. 1581, 20. Mai. — Wolfgang Baro in Eck et Hungerspach etc.] et

40. 1581, 20. Mai. — Georg Sigismund Baro in Eck et Hungerspach etc.] fratres. Diese beiden Freiherren von Egk hatten mit Nikol. Frhrn von Egk zusammen vorher (1578) in Padua studirt.

Wolf Frhr. von Egk gehörte noch 1609 zu denjenigen krainischen Edelleuten, die sich unermüdet aber vergeblich gegen die Fortschritte der Gegenreformation zu wehren suchten.

Georg Sigism. Frhr. von Egk wanderte wegen seines Religionsbekenntnisses aus Krain vor 1630 aus, erhielt jedoch in diesem Jahre die landesfürstliche Erlaubniss zur Regelung seiner Privatangelegenheiten auf sechs Wochen dahin zurückkehren zu dürfen.

41. 1581, 20. Mai. — Georg Andreas Katianer Vigacinensis (Vigaunensis).] Wie die verwitwete Frau Juliane Kazianer trotz aller Weisungen und Drohungen des Landesfürsten von 1577—89 auf ihrem Schlosse Vigaun (Katzenstein) bei Radmansdorf in Oberkrain der evangelischen Predigt eine Zufluchtstätte gründete und bewahrte, so gehörte auch ihr Sohn Georg Andree Kazianer, der edle Sprosse eines tapfern Adelsgeschlechts, zu den standhaftesten Bekennern und Vertheidigern des evangelischen Glaubens. An den hierauf bezüglichen Versuchen seiner krainischen Glaubensgenossen betheiligte sich der ehemalige Tübinger Student 1600 und 1609. Zur Berathung einer Defensionsordnung gegen Bocskai sandten ihn die krainischen Stände 1606 nach Graz als ihren Abgeordneten.

42. 1581, 20. Mai. — Johannes Weixelberger, famulus horum Baronum.] Ein Prediger Jakob Weixelberger suchte 1574 vergeblich eine Anstellung in Krain. Man gab ihm in Laibach 4 Gulden Reisegeld, womit er weiter zog. Doch fand er in Oberkrain einen Wirkungskreis, aus welchem er aber 1587 vertrieben wurde. Abermals half ihm die Landschaft in Laibach mit einer Gabe von 16 Gulden zur Weiterreise (Krain. Land.-Arch.). Joh. Weixelberger dürfte sein Sohn und ein Schützling der Kazianer gewesen sein.

43. 1581, 3. Okt. — Johannes Weiss Labacensis.] Ein Sohn des

---

1) S. früher S. 46 f.

2) Er wird auch hierbei als „Carinthus" bezeichnet.

3) Ein Wolfg. Gartner aus Steiermark wurde 1558 in Tübingen immatrikulirt (s. später).

Meister Heinrich Weiss, Bürgers und besoldeten landschaftlichen Panzermachers in Laibach, war er der erste, welchen die krainische Landschaft 1582 mit einem ihrer neugegründeten Stipendien bedachte. Allein er zögerte mit der Einsendung des vorgeschriebenen Reverses, und man erfuhr 1583 in Laibach, dass er katholisch geworden und zu den Jesuiten gegangen sei. So ward ihm natürlich das Stipendium nicht ausgezahlt, sondern diess dem jungen Andr. Schweiger (s. später) verliehen (Krain. Land.-Arch.).

44. 1581, 25. Okt. — **Bernhardinus Barbo a Wachsenstein.**] Er machte in Tübingen leichtsinnige Schulden und dadurch seinem Vater, dem edeln Herrn Sebald Barbo, manchen Kummer. Später ward er katholisch. Und als der Landesfürst zur Gegenreformation solche Männer hervorzog, ward Bernhardin Barbo 1598 Vicedomamtsverwalter, 1610 Verordneter, und 1619, 20, 23, 26 Landesverwalter; 1620 war er auch landesfürstlicher Landtags-Commissär, und 1623 Landesverweser. Auch ward er Röm. Kais. Maj. Rath und Kämmerer, und Freiherr.

45. 1581, 21. Nov. — **Georg Verbitius Carniolanus.**] Die Familie Verbez war sehr ausgebreitet in Krain. Lukas Verbez, evang. Prediger zu Guttenfeld, und sein Bruder Blasius, ansässig in Zirknitz, waren hier und in Metling wohl begütert. Der erstere hinterliess (laut seines Testaments von 1570) mehrere Kinder. Zu diesen gehörte wahrscheinlich Georg, der 1581 in Tübingen, und 1583 in Padua (im Album der Artisten und Mediziner deutscher Nation inscribirt) studirte. Weiteres ist von ihm nicht bekannt. — Muthmasslich war Mich. Verbez, evang. Prediger zu Tepliz bei Rossegg in Krain, sein Bruder. Von hier durch die Gegenreformation vertrieben, begab dieser sich nach Ossiach in Kroatien (in des Grafen Serin Gebiet), nicht weit von Metling, und kam jährlich und, trotz der Gefahr gefangen zu werden, noch 1609 nach Unterkrain um die hier noch vorhandenen Protestanten heimlich zu pastoriren (Kr. L.-A.).

46. 1582, 28. Mai. — **Joannes Wilhelmus a Schnitzbaum** Liber Baro in Sonneck et Dornaw.] Er war wol ein Sohn des Freiherrn Wolf von Schnitzenbaum, der 1588—90 Verordneter der krainischen Landschaft war. In Tübingen war er von „Conrad Wachmann Nienburgensis Saxo, praeceptor hujus Baronis" begleitet, und am 7. März 1596 inscribirte er sich bei den deutschen Juristen in Padua gleichzeitig mit „Jacobus Wabeccius Laccensis Carniolanus." In den Jahren 1609—10 schloss er sich den Schritten seiner Glaubensgenossen zur Vertheidigung des evangelischen Bekenntnisses an.

47. 1582, 6. Aug. — **Johannes Beidinger** (Weidinger) **Labacensis.**] Des (vor 1582 verstorbenen) Bürgers und Tuchscherers Urban Weidinger und seiner Ehefrau Diua Sohn, studirte er in Heidelberg zuerst in einem pfalzgräflichen Stipendium, dann auf Prim. Trubers Fürbitte von der krainischen Landschaft unterstützt; einer der Ersten erhielt er 1582 eines der neugestifteten krainischen Landschafts-Stipendien in Tübingen, wo er 1584 magistrirte. In die Heimath zurückgekehrt, erhielt er 1585, weil gerade alle Stellen besetzt waren, die Er-

laubnifs, eine solche auswärts anzunehmen, vorbehaltlich der Rückberufung. In Regensburg 1586 von dem vertriebenen frühern Grazer Superintendenten D. Jeremias Homberger ordinirt, ward er als landschaftlich steirischer Viertelsprediger in der Grafschaft Cilli mit dem Wohnsitz zu Sachsenfeld (Scharfenau) bei Cilli angestellt. Hier suchte ihn der Abt von Sittich, zu dessen geistlichem Sprengel Sachsenfeld gehörte, zu fangen, indem er am 17. Jan. 1595 Abends 5 Uhr in der Dunkelheit sein Haus mit 8 Reisigen umzingelte und gewaltsam in dasselbe einbrach; der Gesuchte war glücklicher Weise nicht zu Hause. Im Jahr 1597 soll er wegen ärgerlichen Lebens entlassen, jedoch restituirt worden sein [1]). Im Oktober 1599 fungirte er noch in seiner Kirche zu Scharfenau, von wo er jedoch bald darauf durch die Gegenreformation vertrieben wurde. Er zog 1600 als Exulant nach Wirtemberg (Krain. L.-A.).

48. 1582, 15. Okt. — **Gothartus a Stämberg Baro** et Dominus in Steinbühel.]

49. 1582, 15. Okt. — **Reichartus a Stämberg Baro** auff Nideck, Wildweg (Wildenegg?) und Labenstein (?)] Beide aus einer krainischen Adelsfamilie, aus welcher im 17. Jahrhundert Joh. Andr. v. Stemberg hervorging, welcher Domherr in Laibach, 1650—53 Dompropst daselbst, und 1653 bis zu seinem Tode 1666 Propst in Rudolfswerth (Neustadtl) war.

50. 1582, 16. Okt. — **Marcus Kumbrecht** (Kumprecht) von Labach.] Markus Kumprecht war ein Sohn des frühern Einspännigers, seit 1573 als Soldat in der Guardia des Laibacher Hauptschlosses dienenden Melchior Kumprecht. Er besuchte als Stipendiat der steirischen Landschaft 1577—82 das Grazer Gymnasium, und ging 1582 als Stipendiat der krainischen Landschaft auf die Universität nach Tübingen, 1584 nach Strassburg. Da er sich hier 1587 unüberlegter Weise zu einer Ehe mit Blandine Crist verleiten liess, ward ihm das Stipendium entzogen und er selbst zurückberufen. Auf Fürbitten des Kirchenconvents und des Schulrectors zu Strassburg wurde ihm 1588 von den krainischen Ständen unter Ertheilung eines strengen Verweises verziehen und bis auf weitere Erforderung die Annahme einer auswärtigen Stelle gestattet. Im folgenden Jahre (1589) nach Krain zurückgekehrt, ward er Prediger in Laibach und zugleich in Kreuz nächst Stein bei Graf Achaz von Thurn. Auch wohnte er als Feldprediger zwei Auszügen der krainischen Ritterschaft gegen die Türken bei. Im Jahr 1590 verwitwet, heirathete er 1592 Judith, eine Tochter des frühern Schulrectors Adam Bochoritsch. Im August 1598, wenige Monate vor Ausbruch der Gegenreformation, erliess Erzherzog Ferdinand einen Befehl, ihn nebst Feliz. Truber und Georg Clement gefänglich einzuziehen, doch konnte er sich flüchten und verbergen, wie noch 1599 bei Graf Achaz von Thurn in Kreuz. Im März 1599 ward auch seine Frau aus den östreichischen Erblanden verbannt, und im Januar 1600 entliessen ihn die krainischen Stände mit einem

---

1) D. Rich. Peinlich: Egkenperger Stift zu Graz, Graz 1875, S. 68.

ehrenvollen Zeugniss, einer Empfehlung und einem Reisegeschenk von 200 Thalern (Krain. L.-A.). Mark. Kumprecht war auch Übersetzer und Dichter einiger windischen Kirchenlieder.

51. 1583, 26. Apr. — **Andreas Schwager** (Schwaiger) Labacensis.] Des Laibacher Predigers Hans Schweiger Sohn, studirte er als Stipendiat der krainischen Landschaft in Tübingen und Strassburg, wo ihm jedoch sein Unfleiss 1587 eine ernste Rüge und Ermahnung aus der Heimath zuzog. Bald darauf (1587) heimgekehrt, verzehrte er sein Stipendium in Laibach bis 1590. Vom Obersten der kärntnischen Arkebusier-Reiter in der Grenze, Christoph von Obritschan, 1593 als Feldprediger berufen, liess er sich am 17. Juni 1593 in Graz ordiniren. Unter ernster Vermahnung zu mehrerm Fleiss ward er von der krainischen Landschaft als Prediger 1594 auf dem Karst, 1595 in Laibach angestellt. Hier starb er nicht lange nachher und ward (wie sein Vater) bei S. Peter begraben (Krain. L.-A.).

52. 1583, 3. Juni. — **Georgius Diener** Labacensis.] Der Herr Hans Diener in Laibach war ein erfahrener Musikus und Organist. Durch ihn liessen die krainischen Stände mit D. Nikod. Frischlin in Tübingen wegen Annahme der Rectorstelle am Gymnasium zu Laibach verhandeln, und bei dieser Gelegenheit mag es ihm gelungen sein für seinen Sohn Georg einen Platz im Tiffernum zu erwirken. Allein diesem gefiel das Studium der Theologie nicht, er wählte lieber eine andere Facultät und trat desshalb aus dem Stipendium 1584 aus (Krain. L.-A.).

53. 1583, 21. Okt. — **Joannes Rosman** Carniolanus.]

54. 1583, 21. Okt. — **Caspar Okorn** Carniolanus.] Hier könnte der Abschreiber der Matrikel vielleicht die Vornamen dieser Beiden umgetauscht haben [1].

Ein Kaspar Rosman war 1602 des Herrn Andree Paradeiser, als der Landschaft Ober-Mitteldings-Einnehmers, Unteramtmann zu Senosetsch, und wurde von der (kathol.) Religions-Reformations-Commission aus dem Lande verbannt.

55. 1584, 16. Aug. — **Matthias Fabricius** Carniolanus.] Von der krainischen Familie dieses Namens sind Mehrere bekannt; so Paul Fabricius, 1568 k. Mathematikus und Professor an der Universität in Wien (schrieb in Sam. Budina's Historia Sigethi ein latein. Epicedion), und Joh. Fabricius, der 1596 im Dienst der krainischen Landschaft stand. Von Math. Fabricius ward nichts weiter aufgefunden.

56. 1584, 31. Aug. — **Daniel Xilander** Carniolanus.] Er war gebürtig von Laibach, ein Sohn des hochgeachteten, im Winter 1583 verstorbenen Pfarrers Mark. Xylander [2] in S. Canzian bei Auersperg, besuchte die Landschafts-

---

1) In dieser Handschrift kommen ähnliche Ungenauigkeiten vor.

2) Dieser Name entspricht eben so wol dem deutschen Familiennamen „Holzmann", wie dem gleichbedeutenden slovenischen „Lesnik".

gymnasien in Laibach und Graz, ward 1584 von den krainischen Verordneten für das Tiffernum präsentirt, aber wegen ungenügender Kenntnisse nicht aufgenommen (s. ob. S. 48 f.), erhielt 1587 ein krainisches Landschaft-Stipendium, magistrirte in Tübingen 1592, ward daselbst von Jak. Heerbrand ordinirt und darauf (1592) in Laibach als Prediger angestellt, wobei er zugleich excurrendo die oberkrainische Kirche in Vigaun zu pastoriren hatte. Hieher, zu Herrn Andr. Kazianer flüchtete sich Daniel Xylander, als er durch die Gegenreformation 1598 von Laibach vertrieben wurde; aber auch hier sollte er durch den Vicedomischen Landrichter gefangen werden, konnte dem jedoch in Folge einer heimlichen, eiligsten Mittheilung („cito! citissime!") der Verordneten an Herrn Andr. Kazianer noch rechtzeitig entgehen. Die krainische Landschaft entliess ihn 1600, und 1616 ward er Pfarrer zu Waizkirchen in Oberöstreich [1]).

57. 1585, 22. Juni. — **Georg Clemens Labacensis Carniolanus.**] Georg Clement, ein Bürgerssohn aus Laibach, studirte zu Tübingen im Tiffernum 1585—90, magistrirte hier 1589, und ging mit einem krainischen Landschaft-Stipendium noch nach Wittenberg 1590—94. Seit 1. Mai 1595 als Prediger in Laibach angestellt, sollte er nebst Feliz. Truber und Mark. Kumprecht kurz vor Ausbruch der Gegenreformation 1598 verhaftet werden. Er entging diesem Schicksal durch die Flucht, und hielt sich auf den Schlössern krainischer Edelleute verborgen, so 1599 bei Herrn Hans Petschovitsch zu Landspreis. Im April 1599 ward seine Frau aus Laibach verbannt. Als er selbst im Januar 1600 durch den Vicedomischen Landrichter eingezogen werden sollte, wurde er (wie der vorhergenannte Dan. Xylander) durch eilige Benachrichtigung des Herrn Lorenz Paradeiser in Oberkrain, wo er sich aufhielt, von Seiten der Verordneten gerettet. Er begab sich nach Klagenfurt, wo er bald darauf die Nachricht von seiner Verbannung aus dem Vaterlande, und später eine ehrenvolle Dienstentlassung von der krainischen Landschaft erhielt. Diese übernahm auch seine zurückgebliebene Büchersammlung und die seiner Frau gehörigen Häuser (Krain. L.-A.).

58. 1585, 12. Juli. — **Theodoricus (Baro ab Eck)**, et
59. 1585, 12. Juli. — **Hieronymus** fratres **Barones ab Eck**]
60. 1585, 7. Sept. — **Matthias Trost Wipacensis Carniolanus.**] Von armer Herkunft, ein Sohn des verstorbenen Bürgers Feliz. Trost in Wippach, begab er sich auf die Universität Tübingen. Kaum abgereist (1584), ward er in seiner Heimath vorgeladen um wegen seines evangelischen Bekenntnisses verbannt zu werden [2]). Zwar hatte ihm die krainische Landschaft im Herbst 1584 eines ihrer Stipendien verliehen und liess ihm auch sonst noch Unterstützungen zukommen, dennoch gerieth er in Tübingen, trotz ordentlichen Lebenswandels, aus Armuth in Schulden, so dass der jüngere Prim. Truber, Pfarrer

---

1) Krain. Landes-Archiv. — **Waldau:** Geschichte der Protestanten in Östreich, Steiermark, Kärnthen und Krain, Anspach 1784, II, 579.
2) Vgl. oben bei Balth. Seprecht S. 64.

in Kilchberg, und J. G. Sigwart, Pfarrer in Tübingen, seiner sich annahmen [1]). Er magistrirte 1589, zusammen mit dem oben (S. 77) genannten Georg Clement, und ward 1590 nach Laibach zurückberufen und hier als Prediger angestellt. Leider starb er schon im folgenden Jahre 1591, noch ehe er seine Schulden an Pfarrer Sigwart hatte abtragen können, was dann 1592 die krainischen Stände thaten (Krain. Landes-Archiv).

61. 1586, 21. Juli. — **Andreas Luschnitius** Labacensis.] Andreas „Luschiuer" (sic! — Luschin oder Luschnitz) wurde wegen seiner bedürftigen Verhältnisse 1587 von der krainischen Landschaft unterstützt. Nachdem er sich längere Zeit hindurch neben dem Studiren sein Brot anderweitig hatte verdienen müssen, diess aber nicht länger ging, ertheilte ihm das Dekanat der philosophischen Facultät in Tübingen am 20. Mai 1597 ein günstiges Zeugniss und eine gute Empfehlung an die Freigebigkeit milder Gönner (Kr. L.-A.). — Ein Exemplar des windischen Psalters von 1566 (mit Einband von 1584), in welches er seinen Namen „Andreas Luschnitzius Labacensis" eingeschrieben hat, befindet sich in der Stuttgarter k. öffentl. Bibliothek; diess Buch mag wol in seiner Armuth sein Trost gewesen sein.

62. 1587, 19. Juli. — **Nicolaus Moritz** (Wuritsch) Labacensis.] Nachdem ihm beide Eltern gestorben und sein Erbtheil 1577 von den Türken vernichtet worden, hatte Nikolaus Wuritsch 1586 als „Mendicant" die Laibacher Landschaft-Schule besucht. In Tübingen erhielt er 1587 einen Platz im Tiffernum, magistrirte 1594, und ward 1595 von Jakob Heerbrand ordinirt. Darauf ward er (1595) Prediger in Laibach und 1598 zugleich auf Schloss Auersperg und in S. Canzian. Beim Ausbruch der Gegenreformation (30. Okt. 1598) flüchtete er zu Herrn Karl Juritsch nach Strug in Unterkrain und von da nach Kroatien zu Herrn von Jankovitsch. Im Frühjahr 1600 ward nebst den übrigen Laibacher Predigerfrauen (Fr. Truber, Fr. Kumprecht, Fr. Clement und Fr. Snoilschik) auch die seinige aus Laibach und allen österreichischen Erblanden verbannt; er selbst erhielt von der Landschaft eine ehrenvolle Entlassung und ging nach Deutschland (Krain. Landes-Archiv).

63. 1588, 15. Mai. — **Christoph Spindler** Labacensis Carniolanus.] Er war ein Sohn des Superintendenten Christ. Spindler und seiner ersten Gattin Anna von Reitenstein, besuchte 1584 die vierte Klasse des Laibacher Gymnasiums, und ging 1588 nach Tübingen. Er erwarb sich auch den Magistergrad (nicht in Tübingen, s. o. S. 59), und trat später, wenn auch nicht als Geistlicher, in den Dienst der krainischen Landschaft. In Laibach wohnhaft, ward er als Protestant 1603 mehrfach von der Gegenreformations-Commission bedrängt und 1604 mit seiner Familie aus allen österreichischen Ländern verbannt (Kr. L.-A.).

64. 1591, 24. Juni. — **Jacob Dulschackius** (Tulschak) Carniolanus.] Ein Sohn des alten, emeritirten Predigers Hans Tulschak, besuchte er 1584 die

---

1) Dimitz, Geschichte Krains, III, 155.

dritte Klasse des Laibacher Gymnasiums, studirte 1590 in Jena, 1591 im Tiffernum zu Tübingen, wo er 1595 durch Fürsprache und Nachsicht den Magistergrad erlangte. Im März 1596 wegen Unfleisses und Übertretung der Hausordnung aus dem Tiffernum excludirt, kehrte er nach Laibach zurück, und heirathete hier später eine Budina. Bei der Gegenreformation verliess er sein Vaterland und erlegte für sich 72 Gulden, für seine Frau 30 Gulden als zehnten Auswanderungs-Pfenning [1]).

65. 1591, 29. Okt. — **Conradus Wachmann** Carniolanus, J. U. D., inscriptionem repetiit.] Es ist diess derselbe Konrad Wachmann aus Nienburg (in Anhalt), welcher zum ersten Mal als Präceptor des Frhrn. J. W. von Schnitzenbaum 1582 in Tübingen immatrikulirt worden war. Offenbar hatte sich derselbe seither in Krain niedergelassen, wo sich jedoch keine weitere Spur von ihm findet.

66. 1592, 1. Juli. — **Joannes Wolfinger** Labacensis.] Johann Wolfinger besuchte 1584 die vierte Klasse des Laibacher Gymnasiums, ging 1592 nach Tübingen, und erhielt 1595 ein Landschaft-Stipendium, welches ihm jedoch schon 1596 wegen seines übeln Verhaltens wieder entzogen wurde. Da verkaufte seine nun verwitwete Mutter Lukrezia Wolfinger 1597 ihr Haus in der Judengasse für 450 Gulden an die krainischen Stände, die es zu einem Schulgebäude für das Landschaftsgymnasium verwenden wollten [2]). So konnte Joh. Wolfinger seine Studien vollenden und ward 1598 Prediger in Auersperg. Die Stände bewilligten ihm noch 1599 einen Jahrgehalt, so lange er bei der Herrschaft Auersperg bleibe, allein 1600 wurde er wie die andern evangelischen Prediger in Krain von der Landschaft entlassen (Krain. Landes-Archiv).

67. 1592, 5. Juli. — **Zacharias Gropperus** Carniolanus.] Näheres über ihn ist unbekannt.

68. 1592, 26. Aug. — **Herwardus** (liber Baro in Auersperg),

69. 1592, 26. Aug. — **Weikhardus** (liber Baro in Auersperg), et

70. 1592, 26. Aug. — **Ludovicus, (Dietericus)** liberi Barones in Auersperg.] Die Lebensgeschichte dieser drei Tübinger Studenten, Brüder und Söhne Christophs Freiherrn von Auersperg, des damaligen vortrefflichen Hauptes der krainischen Protestanten, liefert das treueste Abbild der Umgestaltungen, welche Erzherzog Ferdinand (nachher Kaiser Ferdinand II) durch die Unterdrückung der evangelischen Kirche und der bisherigen politischen Verfassung in Krain wie in den übrigen österreichischen Ländern hervorbrachte.

Herwart Frhr. von Auersperg, geboren 1574, ging 1592 nach Tübingen, 1593 nach Padua, war 1597 wieder in der Heimath, ward 1601 Erbkämmerer, 1603 Erbmarschall in Krain und der windischen Mark; 1602—7 war er der krainischen Landschaft verordneter Rathspräsident, 1608—18 Landesverwalter, dabei 1610—11 auch Verordneter der Landschaft. Im Jahr 1602

---

1) Krain. Land.-Arch. Mitth. d. hist. Vereins f. Krain, 1867, S. 121.
2) Real-Encyklopädie f. Theol. und Kirche, Suppl. III, 370.

bemühete er sich gegenüber dem Vorsitzenden der Religions-Reformations-Commission, dem übereifrigen und übergreifenden Bischof Thomas Kren (Chrön) die Rechte der Protestanten, namentlich des protestantischen Adels und der Landschaft zu schützen. Noch 1609 betrieb er mit seinen Glaubensgenossen dahin zielende Schritte, ward aber später katholisch und des Bischofs Thomas Kren guter Freund. Er starb 1618 und ist durch seinen einzigen Sohn Johann Andreas, welcher 1630 in den Grafenstand erhoben wurde, Ahnherr der noch bestehenden gräflich Auerspergischen Hauptlinie zu Schloss Auersperg geworden [1]).

Weikhard Freiherr von Auersperg, geboren 1575, ging nach Tübingen, 1593 nach Padua, und lebte 1597 wieder in der Heimat. Noch 1606 war er Abgeordneter der krainischen Landschaft nach Graz zur Berathung einer Defensionsordnung gegen Bocskai, verliess aber dann Krain wegen des immer unleidlicher werdenden Druckes der Gegenreformation. Er begab sich nach Prag, wo er schon 1607 unvermählt starb [2]).

Dietrich Freiherr von Auersperg [3]), der jüngste der drei Brüder besuchte mit seinem Famulus Joh. Vinizianer (s. später) nach Tübingen noch die Universität zu Strassburg und dann (1595) die in Padua, und war 1598 wieder in Krain, wo er wie sein Bruder Weikhard das gewaltsame Vorgehen der gegenreformatorischen Bestrebungen (in ihrer Abwesenheit) gegen ihr Stammschloss Auersperg erfahren musste. Mit mehrern andern Herren aus Steiermark und Kärnten ging er 1609—10 als Abgesandter seiner evangelischen Glaubensgenossen nach Wien und Pressburg, um von Kaiser Rudolf II und König Mathias von Ungarn eine wohlwollende Vermittlung in den Religions-Angelegenheiten bei Erzherzog Ferdinand zu erwirken. Dieser beorderte die Abgesandten, sie fast als Hochverräther bedrohend, in die Heimat zurück und diesem Befehle ward, wenn auch zögernd, protestirend, sich auf alte Rechte und verbriefte Freiheiten berufend, gehorsam nachgelebt. Da ward Herr Dietrich lieber katholisch, war 1626 ff. Landesverwalter und Landesverweser in Krain, und konnte am 30. Januar 1630 als Landmarschall die Sitzung des eröffneten Landtages mit den Worten einleiten: Er hoffe, weil nunmehr die Religion in den alten Stand kommen, werde auch das alte Vertrauen nicht aussen bleiben etc. Am 12. Dezember 1630 war Dietrich Freiherr von Auersperg zu Schönberg Erbmarschall und Erbkämmerer in Krain und der Windischen Mark: Röm. Kais. Maj. Reichshofrath, Kämmerer, Landesverwalter und Landesverweser in Krain, und wurde bald darauf (gleichzeitig mit seinem Neffen; s. vorher) in den Grafenstand erhoben. Er war vermählt mit Sidonia von Galler, und ist der Stammvater der neuen Auersperg-Schönbergischen Linie der Grafen, und durch seinen Sohn Johann Weikhard (1653) Fürsten von Auersperg [4]).

---

1) Radics, H. v. Auersperg, S. 70—76.
2) Real-Encyklop. f. Theol. u. Kirche, Suppl. III, 371 f.
3) „Ludovicus" ist ein Fehler des Abschreibers. — Krain. Landes-Archiv.
4) Radics, H. v. Auersperg, S. 70. — Dimitz, Gesch. Krains, III, 380.

71. 1592, 26. August. — **Herwardus a Lamberg Baro** in Sawstein (Savenstein).] Herwart Freiherr von Lamberg, geboren 1578, ging mit den eben genannten drei Anerspergen, vermuthlich unter der Aufsicht Leonh. Faschangs als Präceptors (s. nachher), 1592 nach Tübingen, und 1593 nach Padua. Beim Ausbruch der Gegenreformation (1598) war er bereits wieder im Vaterlande, und beherbergte 1599 den flüchtigen Superintendenten Feliz. Truber auf seinem Schlosse Egg ob l'odpetsch, was ihm schwere Geldstrafen zuzog. Im Jahre 1609 stand er mit an der Spitze seiner Glaubensgenossen bei der Vertheidigung ihrer evangelischen Confession. An Wallensteins Seite machte er 1616 in Friaul den Feldzug gegen Venedig mit [1]. Wie Dietrich von Auersperg ward er katholisch, und 1630 in den Grafenstand erhoben. Er starb 1634 und ist der Stammvater der Fürsten von Lamberg.

72. 1592, 26. August. — **Leonhartus Faschangus** Carniolanus.] Obgleich aus Laibach gebürtig, war er wahrscheinlich ein Sohn des Predigers Christoph Faschang zu Veldes in Oberkrain und später in Nadlischek, gestorben in Laibach 1580. Er besuchte 1584 die dritte Klasse des Laibacher Gymnasiums, ging 1592 (vermuthlich als Präceptor des eben genannten Herwart Freiherrn von Lamberg mit diesem) nach Tübingen, magistrirte 1594 [2]), und studirte 1597 in Padua Medicin. Später ward er von der Niederösterreichischen Landschaft als Arzt in Hollabrunn angestellt. (Kr. L.-A. — Matr. Patav.)

73. 1592, 25. September. — **Jacobus Pantaleon**, (ct)

74. 1592, 25. September. — **David Pantaleon** Labacenses Carniolani] (fratres). Jakob und David Pantaleon, wie auch Joseph Pantaleon, waren Söhne des Herrn Melchior Pantaleon (s. oben S. 18, Anm. 3). Jakob Pantaleon zu Preittenau studirte 1597 noch in Padua, machte (obgleich schon verheirathet) als krainischer Landmann einen Zug gegen die Türken mit und gerieth dabei in türkische Gefangenschaft, aus welcher er sich nach zwei Jahren nur mit schwerem Lösegeld frei machte. In Folge der fortdauernden Verfolgungen durch die Religions-Reformations-Commission verkaufte er endlich seine Besitzungen in Krain an Frau Judith Schneeweiss und wanderte 1618 aus.

David Pantaleon besuchte nach Tübingen noch andere Städte und Länder, und kehrte hochgebildet erst 1605 nach Laibach zurück, wo ihn die Landschaft sofort an seines Vaters Statt als Landschreiber anstellte. Als Protestant von der Gegenreformation belästigt, bat er die Stände fort und fort, aber vergeblich um seine Entlassung, bis diese, einsehend ihn nicht mehr schützen und im Lande erhalten zu können, sie ihm 1616 ertheilten. Dann wanderte er, wie seine Brüder Jakob und Joseph, mit seiner Familie aus. (Kr. L.-A.)

75. 1592, 25. September. — **Christoph Stetter** (Stettner) Labacensis Carniolanus.] Aus der angesehenen Familie der Stettner zu Laibach. —

---

1) Radics im Wiener Salon-Album, 1872, S. 66.
2) Wol nicht in Tübingen, denn er ist bei Stoll nicht verzeichnet.

6

Paul Stettner versah hier 1574 auf Befehl des Kaisers das Zahlamt bis zur Wiederbesetzung desselben, und war 1580 Rentmeister der krainischen Landschaft. — Marx Stettner war 1579 Stadtrichter, 1582—83 Bürgermeister von Laibach, und starb 1599. — Der junge Christoph Stettner ging 1597 nach Padua, wo er sich bei den Juristen inscribirte. (Matr. Pat.)

76. 1592, 25. September. — **Thomas Spindler Labacensis Carniolanus.**] Ein Sohn des Superintendenten Christ. Spindler aus dessen zweiter Ehe, und somit Stiefbruder des früher (S. 78) genannten Christ. Spindler; geboren 1578, besuchte er 1590 das Laibacher Gymnasium und erhielt nach seines Vaters Tode einen Platz im Tiffernum (s. früher S. 53). Doch wurde er 1596 wegen Unfleisses und wiederholter leichtsinniger Übertretung der Hausordnung (wie Jak. Tulschak) aus dem Stift excludirt. Durch die Gegenreformation 1601 aus Krain vertrieben, kam er in die Herrschaft Limpurg, ward zuerst Pfarrer in Mittelfischbach, und 1609 nach Sontheim berufen. Er starb im Oktober 1634 zu Schwäbisch-Hall in der damaligen Kriegsflucht im 57sten Lebensjahre [1]). Ein Sohn von ihm, also Enkel des Laibacher Superintendenten, war Joh. Spindler, geboren zu Sontheim, der 1627 in Tübingen magistrirte.

77. 1592, 25. September. — **Seyfridus Gall Labacensis Carniolanus.**] Seifrid Freiherr von Gall zu Gallenstein, Rudolfseck und Lichteneck verliess bei der Gegenreformation sein Vaterland und trat 1601 in wirtembergische Dienste [2]). Von ihm stammt wol die hessische Linie dieser Familie ab.

78. 1592, 25. September. — **Johannes Vinetianus Labacensis Carniolanus.**] Johann Vinizianer war ein Sohn des deutschen Schulmeisters Mathes Vinizianer, und Zögling des Gymnasiums in Laibach. Er studirte schon 1589, ging 1593—95 mit Dietrich Freiherrn von Auersperg (s. oben S. 84) als Famulus nach Tübingen und Strassburg, und kehrte 1596 wieder allein nach Tübingen zurück, wo er (1596—99) ein Tiffernisches Stipendium genoss und 1599 magistrirte. Seine weitern Schicksale sind unbekannt.

79. 1592, 25. September. — **Georgius (Gregorius) Brosserus (Prosserus) Labacensis Carniolanus.**] Gregor und Johann Prosser waren die Söhne eines armen Fleischhackers in Laibach, welche als Mendicanten nach Deutschland gingen. Der letztere kam in die Schule zu Hagenau, der erstere in die Schola Anatolica zu Tübingen, wo der Pfarrer von Kilchberg, Primus Truber der jüngere, seiner wie seines Bruders sich annahm. Gregor Prosser erhielt 1592 ein krainisches Landschaft-Stipendium, mit dem er sich auf der Universität erhielt. Doch wurde ihm dasselbe 1596 wegen seines übeln Verhaltens wieder entzogen. Weiteres ist nicht bekannt. (Kr. L.-A.)

80. 1592, Oktober. — **Abel Fascangus Carniolanus.**] Abel Faschang, gebürtig von Selz unter Kosiek bei Treffen, Sohn des dortigen evangelischen

---

1) Raupach, Presbyterologie. S. 181, Anm. d.
2) Real-Encykl. f. Theol. und Kirche, Suppl. III, 378.

Pfarrers Thomas Faschang, genoss 1595—98 ein krainisches Landschaft-Stipendium, magistrirte in Tübingen 1598, und ward dann (im Juni 1598) der Nachfolger seines 1597 verstorbenen Vaters als Prediger in Selz. Hier lebte er noch am 6. April 1600, einer der letzten evangelischen Prediger in Krain, doch war sein Patron, Herr Hans Ludwig Sauer zum Kosiek und Treffen (s. oben S. 73) nicht wenig um ihn besorgt. Diese Besorgnisse dürften sich nur zu bald erfüllt haben, denn ohne Zweifel ward der Prediger Abel Faschang noch im selben Jahre aus dem Lande vertrieben. (Kr. L.-A.)

81. 1593, Januar. — **Joannes Stettner** Labacensis.] Vermuthlich ein Bruder von Christoph Stettner (s. oben S. 81). Johann Stettner begab sich 1595 nach Padua, wo er, bereits J. U. D., im Nov. 1597 einer der beiden Procuratoren der Juristen deutscher Nation war. (Matr. Pat. — Annal. Nat. Germ. Pat.)

82. 1593, 8. November. — **Caspar Thulschack** (Tulschak) Labacensis Carniolanus.] Ein jüngerer Bruder von Jak. Tulschak (s. oben S. 78). Von der krainischen Landschaft dem Herzog Friedrich von Wirtemberg für das Tiffernum empfohlen, konnte er keinen Platz daselbst erhalten, nicht nur weil schon drei Stellen mit Krainern besetzt waren, sondern auch weil er ungenügend vorbereitet war (s. oben S. 54 ff.). Auf den hierüber erhaltenen Bericht beriefen ihn die krainischen Verordneten heim. (Kr. L.-A.)

83. 1594, 20. Juni. — **Julius Herkowitz** Illiricus Barasiensis (Warasdinensis?) [1]).] Sohn eines evangelischen Predigers zu Radkersburg in Steiermark, genoss er seit 1591 ein steirisches Landschaft-Stipendium. Er inscribirte sich 1597 als „Julius Herckowitsch de Zayezda" bei den Juristen in Padua. Durch den Beisatz „Illiricus" bezeichnet er wol Istrien als Heimat seiner Familie. (Peinlich: Zur Gesch. d. Gymnas. in Graz. — Matr. Pat.)

84. 1595, 5. Februar; inscriptio Calvae facta [2]). — **Christophorus Knafelius** Crainburgensis Carniolanus.] Er war ein Sohn des alten evangelischen Predigers Barthol. Knaffel in Krainburg und studirte 1591—95 in Strassburg, wohin er auch von Tübingen bald wieder zurückkehrte, und von wo aus er noch im Mai 1599 die krainischen Verordneten um eine Unterstützung zu seiner Magistrirung bat. (Kr. L.-A.)

85. 1595, 16. April, post reditum Tubingae [1]). — **Gregor Rab** (Raab) Carniolanus.] Aus Rudolfswerth (Neustadtl) in Unterkrain gebürtig, schrieb er sich, von Tübingen zurückgekehrt und nach der Gegenreformation der Medicin sich zuwendend, am 3. December 1598 bei den Medicinern in Padua als „Gregorius Raab Rudolphswertensis Carniolus" ein. Von 1610—23 war er Arzt in Diensten der krainischen Landschaft. (Kr. L.-A. — Matr. Pat.)

86. 1595, 21. Mai. — **Daniel Refflnger** Labacensis.] Die Familie

---

[1] Ist vielleicht nicht zu den Krainern zu rechnen.

[2] Wegen der Pest waren 1594 die juridische, medicinische und philosophische Facultät mit dem Rector Andr. Laubmair von Tübingen nach Herrenberg, die theologische Facultät mit dem Prorector Steph. Gerlach nach Calw ausgewandert.

Reflinger gehörte zu den angesehenen Bürgerfamilien Laibachs. — D. Georg Reflinger war seit dem September 1530 als der erste Landschafts-Physikus in Krain angestellt. — Einer seiner Söhne, Hans Reflinger, erhielt im August 1573 die Erlaubniss bei Gericht Supplicationen zu stellen und im Verhör zu procuriren, ward dann besoldeter Procurator, und starb 1594. Ein anderer Sohn, Georg Reflinger, besuchte 1584 das Laibacher Gymnasium, und war 1622 Rathsbürger in Laibach. Einem Bürger N. (ob Georg?) Refinger stahl ein durchmarschirender italiänischer Soldat, Nicolo Procacello aus Viterbo, Leinwand, und ward dafür zum Tode verurtheilt, jedoch vom Bischof Thomas Kren frei gebeten. — Von David Reflinger findet sich weiter keine Spur.

87. 1595, 30. September. — **Gregor (Georg?) Nastran Labacensis Carniolanus.**] Georg Nastran, eines Schneiders Sohn aus Laibach, wurde als armer Schüler der Landschaftsschule 1586 mit Schulrequisiten unterstützt. Sonst giebt es von ihm keine Nachricht, doch kommt der Familienname damals öfter vor.

88. 1595, 4. November. — **Michael Wolffinger Carniolanus.**] Vermuthlich ein Verwandter Joh. Wolfingers (s. oben S. 79).

89. 1596, 11. September. — **Marcus Coluder Labacensis.**] Markus Koluder, geboren 1583 zu Laibach, ein Sohn des Landschaftsdieners Andr. Koluder, erhielt 1596 ein Tiffernisches Stipendium, und magistrirte 1600.

90. 1596, 2. Oktober. — **Joannes Baptista Moschan** (Muschon) zum Thurn am Harst (Hart) und Liechtenwaldt und Burgfeldt (Gurkfeld) Hauptmann vff Adelsperg.] Aus der reichen krainischen Adelsfamilie Muscon (Muschkon, Moscon, Moschkon). Er hatte früher (1592) in Padua die Rechte studirt. In Tübingen war als Praeceptor ein Tübinger bei ihm „M. Elias Nietheimer (Niethammer) qui nomen repetiit" (schon 1585 hier magistrirt). Herr Joh. Bapt. Muskon betheiligte sich noch 1609 an den Schritten seiner evangelischen Glaubensgenossen zur Vertheidigung ihres Glaubens. (Kr. L.-A. — Matr. Pat.)

91. 1600, 16. September. — **Wolfgangus Theodoricus a Lamberg Liber Baro** in Stein et Guttenberg, (et)

92. 1600, 16. September. — **Joannes Georgius a Lamberg Liber Baro** in Stein et Guttenberg, fratres.] Beide Brüder, begleitet von (dem nächstfolgenden) D. David Verbez, hatten vorher kurze Zeit in Strassburg studirt und der erstere ging 1601 nach Padua, wo er sich bei den Juristen inscribirte. Beide gehörten zu denjenigen krainischen Protestanten, welche noch 1609 für die Erhaltung ihres evangelischen Glaubensbekenntnisses auftraten. (Kr. L.-A.)

93. 1600, 16. September. — **David Verbetius**, Philos. et Medicinae Doctor, praeceptor.] Ein Vetter der früher (S. 74) genannten Brüder Lukas und Blasius Verbez war Michael Verbez, Bürger in Laibach, 1580 städtischer Deputirter im Landesausschuss, 1583 Gegenschreiber des Oberaufschlagsamts und Schulinspector, später Oberaufschlagseinnehmer, gestorben um 1593. Er hinterliess zwei Söhne: David und Johann Baptist; der letztere, 1607 landschaft-

licher Apotheker in Laibach, ward katholisch, 1623 und 1625 –28 Bürgermeister von Laibach, und 1631 Stadthauptmann.

David Verbez genoss 1594—97 ein krainisches Landschaftstipendium, magistrirte 1598 und wandte sich nun der Medicin zu, wesshalb er im September 1598 das Stipendium verlor. Obwol schon Doctor der Philosophie und Medicin, ging er als Präceptor der beiden (eben angeführten) jungen Freiherrn Wolf Dietr. und Joh. Georg von Lamberg mit diesen nach Strassburg (wo D. Verbez vielleicht schon vorher studirt und doctorirt hatte) und dann nach Tübingen, wo er sich mit jenen immatriculiren liess. Später ward er Arzt in Kempten, und 1608 in Ulm. Er war ein berühmter medicinischer Schriftsteller, dessen praktisches und wissenschaftliches Wirken jedoch für sein engeres Vaterland verloren ging, da er das Exil dem Confessionswechsel vorzog. (Kr. L.-A. —·Vgl. die Vorrede zu seinem „Exorcitationum medic. super disputat. quadam de Peste liber unus, Campoduni 1618, welchem auch sein in Kupfer gestochenes Porträt beigegeben ist.)

94. 1600, 16. September. — **Laurentius Wercowitsch** famulus.] Er stammte vermuthlich aus einer evangelischen Bauernfamilie in Oberkrain, welche bei der Vertreibung der Protestanten aus der dem Bischof von Brixen gehörigen Herrschaft Veldes (1587–89) aus dem Dorfe Kuplenik hatte wegziehen müssen.

95. 1604, 27. August. — **Georg Christoph Rauber** zu Nemarckh (Woinockh?).] Aus einer alten, weitverbreiteten krainischen Adelsfamilie. Er hielt noch 1609 zu seinen protestantischen Glaubensgenossen in Krain. „Georg Christ. Rauber zu Reinegg" inscribirte sich 1610 in Padua. (Kr. L.-A. — Matr. Pat.)

96. 1605, 20. December. — **Johannes Taufrer** Labacensis.] Die Familie der Taufrer gehörte damals zu den höhern Beamtenfamilien des Krainer Landes, und war durchaus evangelisch. Christ. Taufrer war landesfürstlicher Musterschreiber in Kroatien und ward 1582 Buchhalter der krainischen Landschaft, welche Stelle er noch 1596 bekleidete. Greg. Taufrer stand von Jugend auf im Dienst des Herrn Andr. Paradeiser zu Neuhaus, als der Landschaft Ober-Mitteldings-Einnehmers, und war 1602 dessen besoldeter Unteramtmann und Wochenpfennigs-Einnehmer; in diesem Jahre wegen seines evangelischen Bekenntnisses des Landes verwiesen, ward er zwar noch bis 1608 von der Landschaft gehalten, musste aber dann auswandern. (Kr. L.-A.)

Johannes Taufrer war am 29. Februar 1584 in Laibach geboren, studirte 1605 in Tübingen, inscribirte sich 1612 bei den deutschen Artisten in Padua, und 1613 abermals in Tübingen (s. nachher); er ward Doctor und Professor der Theologie in Strassburg, wo er jedoch bereits am 8. Oktober 1617 starb, tiefbetrauert von der ganzen Universität, die sein Bild in Kupfer stechen liess. Es giebt von ihm mehrere gelehrte theologische Werke, z. B. De absoluto Decreto (1615), De unione duarum naturarum in Christo, u. a. [1])

---

1) In einem posthumen, von C. Löscher herausgegebenen Werke Taufrer's: Palladium

97. 1606, 12. Juli. — **Tobias Tauffrer,** (et)

98. 1606, 12. Juli. — **Zacharias Tauffrer,** Carniolani, fratres, propter aetatem non juraverunt.] Sehr bald folgten dem oben vorher Genannten diese seine beiden noch sehr jungen Verwandten aus Laibach nach, offenbar um dem Religionsdrucke in der Heimat zu entgehen. — Tobias T. ging später nach Padua, wo er sich 1619 als Studirender der Medizin inscribirte: „M. Tobias Taufrerus Labacensis Carniolanus φιλιατρος.“ Kaum in die Heimat zurückgekehrt und als Arzt hier thätig, ward er 1620 wegen seines evangelischen Bekenntnisses mit Landesverweisung bedroht. Er starb 1636 im Exile zu Nürnberg. (Matr. Pat.) — Zacharias T. inscribirte sich 1625 bei den Legisten deutscher Nation in Padua, welche ihn zu ihrem Bibliothekar (1625—26), Procurator (1626—27) und Syndicus (1628) erwählten (Matr. Pat.).

99. 1606, 2. Oktober. — **Georg Barrle** (Warll) Carniolanus.] Die protestantische Familie Warl (Wärl) gab dem Krainer Lande im 16. Jahrhundert einige namhafte höhere Beamte. So war Georg Warl 1571 landschaftlicher Buchhalter; er starb vor 1575. Hans Warl war 1571 landesfürstlicher Aufschlags-Gegenschreiber, später (wol nach Georg Warls Todo) landschaftlicher Buchhalter, aus welchem Amte er jedoch 1582 entlassen wurde. Vielleicht war er des ältern Georg Warl Sohn und des jüngern Georg Warl Vater.

100. 1606, 8. Oktober. — **Franciscus Andreas a Scheur** (Schayr) Carniolanus.] Aus altadligem protestantischem Geschlecht, 1608 in Padua.

101. 1607, 4. November. — **Johannes Adamus a Gallenberg,** propter minorem aetatem non juravit.] Ein anderes Beispiel, dass jetzt Knaben vor der Gegenreformation in die Fremde gesendet wurden. Schon 1608 inscribirte sich „Joan. Adam. a Gallenberg in Gallenstein Carnus“ in Padua (Matr. Pat.).

102. 1608, 26. Juni. — **Georg Balthasar** (Katzianer, et)

103. 1608, 26. Juni. — **Hans Sigmundt** (Katzianer, et)

104. 1608, 26. Juni. — **Gottfridt Katzianeri,** Libori Barones in Vigauw (Vigann) et Crain (sic)].

105. 1608, 3. November — **Michael Watz** Labacensis Carniolanus. (S. nachher beim Jahr 1612.)

106. 1612, 1. August. — **Johannes Ludovicus Raschp** (Rasp) Carniolanus.] In Padua 1615 inscribirt „Joa. Lud. Rasp ab Osterberg et Luostall Carniolanus“ (Matr. Pat.).

107. 1612, 3. Oktober. — **Michael Watz** Carniolanus. S. vorher beim Jahr 1608. — Ob diese beiden gleichnamigen Herren identisch seien, lässt sich nicht feststellen. Ein Herr Mich. Waz verliess später sein Vaterland als evangelischer Exulant. Ein anderer (katholischer) Herr „Mich. Waz de Wazenberg in Neydeg, Scharffenberg et Metlika Carnus“ studirte 1630 in Padua, und

---

Calvinianis ereptum, Wittenb. 1688, quart. befindet sich auch eine vom Herausgeber geschriebene Lebensbeschreibung des Verfassers (Jöcher, Gelehrten-Lexikon IV, 1025).

nahm als Freiherr von Wazenberg 1651 an der Huldigung Kaiser Ferdinands IV.
als Landesfürsten von Krain in Laibach Theil.

108. 1612, 5. Dec. — Johannes Adamus Gall a Gallenstein Nobilis
Carniolanus.] — Vielleicht „Gallenberg" (s. ob. Nr. 101).

109. 1613, 18. Februar. — Antonius Betschovitsch Carniolanus Nobilis.] Vermuthlich ein Sohn des Herrn Anton Petschovitsch auf Landspreis,
welcher 1599 den daselbst versteckten Prediger Joh. Snoilschik aus der Ver-
folgung rettete [1]) und später mit seiner Gemahlin Agnes geb. Schwab, zwei
Söhnen und zwei Töchtern als evangelischer Exulant nach Regensburg auswan-
derte, wo er zwei Jahre nach seiner Gemahlin 1634 starb. Der junge Herr
Ant. Petschovitsch nahm später den Krainer Mich. Bezigck (s. nachher) als
seinen Famulus auf.

110. 1613, 2. Oktober. — Georg Ehrenreich Wagen zu Wagensburg
(Wagensberg).] Er war von einem Präceptor und zwei Famulis begleitet, welche
beide Letztern Steirer waren, so dass man auch vermuthen könnte, er habe
der steirischen Linie dieser alten krainischen Adelsfamilie angehört.

Alle letztgenannten elf Studenten waren adlige Jünglinge.

111. 1613, 25. Oktober. — Michael Bezigck. (Pessiak?) Kreiner, Domini
Petschovitsch famulus.] S. vorher bei Ant. Petschovitsch [2]).

112. 1613, 29. Oktober. — Johannes Taufrer Labaconsis Carniolanus.] S. oben beim Jahr 1605.

113. 1614, 1. April. — Petrus Bochoritius Labacensis Carniolanus.]
Wol ein Enkel des alten Laibacher Schulrectors Adam Bochoritsch (S. 17)
und Sohn des jüngern Adam Bochoritsch, welcher 1592—98 an derselben Schule
angestellt war. Er inscribirte sich 1621 bei den deutschen Juristen in Padua.

1) Real-Encykl. f. Theol. und Kirche, III, 373 f.
2) Die Immatrikulirung solcher „famuli", die nicht immer zugleich studirten, oder von Ty-
pographen, wie 1666 Leonh. Mraula aus Lalbach (s. oben S. 67), oder 1587 Lor. Classen aus
Wörlitz in Anhalt, darf um so weniger Wunder nehmen, als 1558 ein Diener (servitor), 1602
sogar Prof. D. Mögling's Weingartknecht Balth. Denckler und 1609 ein Buchbindergesell Christ.
Thonner aus Kärnten immatriculirt wurden Es galt in solchen Fällen eben nur um die Unter-
stellung unter die akademische Gerichtsbarkeit.

V. Verzeichniss sämmtlicher in Tübingen immatrikulirten Österreicher [1]).

(1530—1614.)

1530. Anton. **Bret** Tridentinus. (6 sh.) [2])

Conrad. **Fidal** de Feldkirch.

Christoph. **Engraben** (Imgraben) de Feldkirch.

1532. Sebast. **im Graben** a Feldkirchen.

5. 1533. Georg. **Pappus** ex Feldkirch.

Joh. **Philippus** ex Feldkirch.

Andr. **Vetter** ex Feldkirch.

Bernh. **Retromontanus** (Hinterberger) ex Feldkirch.

Joh. Ulr. **Krel** ex Feldkirch.

10. 1534. Franc. Ricius Dominus a **Sprintzenstain.** Praepositus Tridentinus (1 fl.).

1535. Joh. **Schilling** Brigantinus nobilis.

Laurent. **Leu** ex Feldkirch.

1537. Magister Matth. (**G a r b i t i u s**) **Illyricus,** ordinarius graecae linguae; quia Ordinarius huc vocatus, nil dedit. (1)

Joh. **Specker** de Vuels Austriacus (13 cr.).

15. 1538. Paul. **Bajae** (Baier?) Styrius, nil dedit quia famulus Illyrici.

Joh. **Gabelcoferus** Styrius.

Christoph. **Sinckmoser** ex Halla comitatus Thyrolici.

1540. Mich. **Solleder** ex Steinach prope Steüermarkt (Steinbach prope (Steyer.)

Barth. **Welsperger** nobilis.

20. Ludov. **Gerhart** a Brixen nobilis.

Joan. **Mülstetter** ex Bruneck Comitatus Tyrolensis.

---

1) Tübinger Bibliothek: Matricula almae universitatis Tubingensis, V, 29 (1477—1614); vgl. V, 27, und IV (Pergament; 1561—85). Es sind ältere Copien, deren Schreiber vielfach ungenau waren. — Auch die Original-Matrikel ward nicht immer genau geführt; so repetirte ein Student 1553 seine Inscription, die schon vor drei Jahren geschehen, „sed in hoc album, forsitan negligentia vel incuria non relatum". — Über die hier aufgenommenen „Oesterreicher" vgl. S. 11, Anm. 1.

2) Die damalige Inscriptionsgebühr, von welcher späterhin hier nur einzelne Abweichungen notirt worden sind, betrug 6 Schilling (zu 12 Pfennigen). — Die Vornamen sind abgekürzt, die Abkürzungen aufgelöst, und die schlimmsten Fehler in eingeklammerter Lesart verbessert worden. — Die in Klammern beigefügten Zahlen mit „Nr." beziehen sich auf eine wiederholte Eintragung in diese Matrikel, ohne „Nr." auf das folgende Verzeichniss der Magistrirten.

Chilian. **Perschig** Pregentinus (13 cr.)

1541. Joan. **Draigoienns** (Dragosicius?) Illiricus ex oppido Stinigknack (Sovigniaco?)

1543. Jac. **Volcamerarius** Illiricus.

25. Mich. **Zigeiner** Illiricus ex Widpauia (Wippach).

1544. Chilian. **Schönbichler** ex Oberlcom pago (Ober-Leonbacho) Austriae.

1545. Christoph. **Sibenbürger** a Salisburgo, propter egestatem dedit 6 cr.

1546. Jacobus (**Hungarus**, et) Philippus, Hungari, fratres.

30. 1547. Christoph. **Stintzing** Stiriensis (Nr. 62).

1550. Osuuald **Schreckenfux** Austriacus. (2)

1552. Udalricus (**Dreiling**, et) Joannes (**Dreiling**, et) Caspar **Dreiling**, fratres germani ex Schuuatz.

35. Adam **Zech** ex Schuuatz.

1553. M. Christoph. **Heyperger** Vicnensis.

1554. Alex. **Offer** ex Comitatu Coriciensi (Goriciensi). Math. **Höbsacker** Tirolensis. Georg. a **Jena** Bohemus.

40. Nicol. **Hammerer** Brigantinus.

Clemens **Münch** a **Münchhausen** Nobilis Saltzburgensis. (Sequentes inscripti sunt Calbae, per D. Jacob. Peutlinum Vice-Rectorem:) Christoph. **Throner** de Hall Inn Inthal. Joan. Philipp. **Brassicanus** Viennensis. (Tubingae:)

1556. Georg. **Bronner** Egranus.

45. Wolphgang. **Schile** Uuindistaigensis Austriacus. M. Mich. **Eichlerus** Norimbergensis, Syndicus Egerensis se indicauit. Georg. Carol. **Croatus** Viennensis. Adam **Kempter** Viennensis [1] Joan. **Strobel** Vicnensis [1]

50. Sebald. **Feilner** Carinthus. Balth. **Kerner** Carinthus. Jacob. **Rotmaier** Saltzburgensis. Balth. **Seprecht** Illyricus.

1557. Wolfg. **Uuinkler** Lincensis ex Austria.

55. Joan. **Neupurg** Uuaidenhofensis Austriacus. Joan. **Uueitmoserus** ex Castinis (Gastinis), (et)

— 98 —

Christoph. Uneitmoserus, frater.

Joan. Sentelius ex Castinis (Gastinis).

Abrah. Engelschalck Imssentanus (Imst).

60.   Joan. Bom de Birchenstoin Austriacus.

Georg. Ostermaier Coronensis Transsylvanus.

1558. Christoph. Stentzing Styriacus nomen suum rursus indicauit (Nr. 30.)

Balth. Mülbacher ex Carinthia.

Sam. Budina ex Carniola (4)

65.   Joan. Gebhardt ex Carniola.

Christoph. Phil. Cronecker ex Carinthia.

Ulric. Maior Brigantinus.

Carol. Bucheleb Vienensis Regii cancellarii filius.

Wolfg. Gartner Servitor Caroli ex Styria.

70.   Ottmar Pappus Veldtkirchensis.

Paul. Oberberger Lintzensis.

Mich. Wirt Semproniensis Pannonius.

1559. Gangolph. Vuanger Vienensis, artium Magister et Baccalaureus Theologiae.

Christoph. Vuiser Villacensis in Carinthia.

75.   Martin. Blancus Liutzensis.

Erhard. Hedeinck (Hedenick) ex Villaco Carinthiae.

Casp. Laetus (Fröhlich?) Teschinensis Silesius.

Procop. Frendel ex Iglauu oppido Moraviae.

Josua Zirlerus Villacensis.

80.   Melchior ab Hoberg Austriacus nobilis.

Wilh. Bernh. Bohemus a Fritzheim Austriacus nobilis.

Wolfg. Artnerus Steyrensis.

1560. David Braunfalck Aussensis ex Stiria.

1561. Joan. Ambros. Brassicanus Vienensis.

85.   Wilh. Jerger Austriacus.

Achatius Landaw Austriacus.

Leonh. Hohenfelder Austriacus.

Adam. Sluski Bohemus.

Joseph. Daschütz (Taschitz) Carniolanus.

90. 1562. Heinric. Österreicherus Vienensis.

Joan. a Gallenberg Carniolanus.

Laurent. Paradiser Carinthus.

Andr. Paradiser Carinthus.

Joan. Adrian. a Greisenegk Carinthus [1]).

---

1) Mohl, Sitten und Betragen, Nr. 82.

95.   Sigism. a Gaismetch (Gaisruckh) Styrus.
        Martin. Walthnerus Stiriacus (3).
        Paul. Brendel Holenpurgensis Austriacus.
        Andr. Byler (Bühler) Petoviensis (Nr. 151).
        Carol. Henberger (Heuberger) Austriacus.
100.   Marc. a Zinzendorff Austriacus (Nr. 117).
        Blas. Brusteling Carinthus.
        Joan. Tiffrer Labacensis.
1563.   Mich. Pfaffenhofer Austriacus.
        Sebald. Lectiner (Lechner) ex Carinthia (Nr. 143).
105.   Joan. Wurtz (Wurtzer) ex Carinthia.
        Leonh. Mercherick (Mercherich) Illyricus.
        Paul. Engelschalius ex Tirolensi comitatu.
        Andr. Planerus ex comitatu Tirolensi.
        Marc. Spiler Austriacus.
110. 1564. Simon ab Ungnad Baro in Sonnek.
        Wencesl. Christoph. Österreicher Viennensis.
        Heinric. a Lamberg Austriacus.
        Wolfg. Sigism. a Geissruck Carinthus.
        Joan. Holtzer Viennensis.
115.   Sebald. Stantzing ex Stiria.
        Georg. Foenerator (Wucherer?) Carinthus.
        Marc. a Zintzendorff Baro Austriacus (Nr. 100).
        Urban. Siderus Viennensis famulus.
        Math. Flacius Illyrici filius.
120. 1565. Casp. Mirus (Wunderlich?) Illyricus.
        Joh. Titterman Viennensis Austriacus.
        Joh. Renner Tridentinus.
        Christoph. Hubmer (Hubner) Welsensis Austriacus.
        Virgil. Froschelmoser Saltzburgensis.
125.   Christoph. Froschelmoser Saltzburgensis.
1566.   Jacob Betrodus Viennensis.
        Trojanus Baro de Aursperg Erbkhamerer in Kraion.
        Gregor. Faschang Carniolanus.
        Leonh. Maraula (Mraula) Labacensis Typographus.
130.   Georg. Dalmatinus Carniolanus (7).
1567.   Otho Baro a Lichtenstein.
        Thom. Rümpler von Radtmansdorff Cranus.
        Christoph. Frey Pataviensis Austriacus.
        Jacob. Brentelius Styrius (Nr. 141, 209).
135. 1568. Joh. Frideric. Hillebrandus Bossanus Tirolensis.
        Georg. Schew Goricianus.

Laurent. **Engelshauserus** Labacensis.

Daniel **Vrabiscus** Goricianus.

Andr. **Savinitz** Labacensis.

140. Ferdin. **Winklerus** Spitalensis Carinthus (8).

Jac. **Brentelius** Stirius iterum est inscriptus (Nr. 134).

Christoph. **Wurtzer** Carinthus.

Sebald. **Lehner** (Lechner) Carinthus nomen suum iterum indicavit (Nr. 104).

Marcellus **Huntterus** (Honterus?) Transsylvanus.

145. Joach. **Einbacher** Grezensis in Styria.

Franc. **Gall a Gallenstein** zum Lug (Luegg) Carniolanus.

Joh. **a Keitschach** in Carinthia.

Sigism. **a Keitschach** in Carinthia.

Wolfg. **a Keitschach** in Carinthia.

150. Wilh. **a Feustritz,**

Andr. **Büchlerus** ex Styria rursus nomen suum indicavit (Nr. 98).

Primus **Truberus** Rotenburgensis ad Tuberam. (Primi Truberi Carniolani filius) (9).

1569. Bernhardinus **Stanler** (Stainer), (et) (6)

Franc. **Stanier** (Stainer), fratres Lithopolitani.

155. Foelician. **Truberus** (11).

Adam. **Hagen** ex Carinthia nobilis.

Ludov. **a Dietrichstein** nobilis.

Joh. **a Stubenberg** Comes.

Joh. **Hext** Austriacus

160. Joh. Jac. **a Greyssneck** ¹).

Erenric. **Vngnad** Baro et Dominus in Sonneckh ²).

Andr. **ab Auersperg** Dominus in Schönberg.

Jac. **Gall a Gallenstein.**

Mich. **Zheskher** Labacensis.

165. Zachar. **Tholhopff** Labacensis.

Math. **Bohemus** Carniolanus.

Helias **a Sigelsdorff** (Sigersdorff) zue grossen Winckhlern ex Carinthia.

Amandus **Beurer** Aprisiazensis (Gabriacensis?) Styrius.

1570. Joh. Wolfg. **Kneusel** nobilis Austriacus.

170. Heinr. Wolfg. **Kneusel** nobilis Austriacus.

Ferdin. **Geyer ab Osterburg** nobilis Austriacus.

Joh. **Staiger** Viennensis nobilis.

Joh. Sigism. **a Greiseneck** Carinthus ²).

1) **Mohl**, Sitten und Betragen, Nr. 82.

2) **Mohl**, a. a. O., Nr. 81.

Wilh. **Zaich** Carinthus.

175.   Andr. Liber Baro de **Windischgrätz.**

Georg. Sigism. de **Mindorff.**

Bernhardinus de **Mindorff.**

Christoph. de **Ratmansdorff.**

Joh. **Schmidinger** Welsensis Austriacus.

180.   Hieron. **Hubner** Welsensis Austriacus.

Joh. Adam. **Hoffman** liber Baro in Bümpfel (Grünbühel) et Streichaw (Strechau).

Andr. Wolfg. a **Polheim** Baro.

Sigism. a **Teuffenbach** Styrius.

Joh. **Glierer** Walthorffensis an der Ips Austria inferior.

185.   Paul. **Dondersperger** Stirius Loibensis.

Ludov. **Schmeltzer** ejusdem patriae.

Florian. **Sochodolius** Transsylvanus.

Pancrat. **Bront** S. Vitum Carinth.

Weikhard Liber Baro a **Polhaim** et Wartemberg Austriacus.

190.   Wolfg. **Hedenig** Welsensis.

Theodoric. **Forstelius** Lyntzensis.

1571. Benignus **Pauserus** Tyrolensis.

Richard. (a **Liechtenstein,** et)

Sigism. a **Liechtenstein** fratres germani Barones Erbkhammerer in Stewr, Landmarschalckhen in Khärndtn, Herrn zu Moraw (Murau).

195.   Christoph. **Sax** Cornicensis (Gurnitzensis? Colincensis?) in Carinthia, famulus dictorum Dominorum.

Joh. **Butzius** Carinthus.

Melchior **Butz.**

Christoph. **Butz.**

Vitus Rupert. a **Sauraw** in Styria.

200. 1572. Casp. **Bucher** Kirchschlachensis Austriacus (14).

Georg. Rupert. Baro a **Polheim.**

Joh. **Schüferus** a Jernharting Austriacus.

Balth. **Sprenger** Beurbachensis Austriacus (12).

Joh. Adam. **Schrottius** Kindbergius Styrius (Nr. 210).

205.   Pancrat. **Brentelius** Styrius.

Christoph. **Hailfinger** Villacensis.

Blasius **Budina** Tirolensis (recte Carniolanus).

1573. Joh. Ciriac. liber Baro **Polhemius.**

Jac. **Brentelius** Styrius (Nr. 134, 141).

210.   Joh. Adam. **Schrot** Styrius (Nr. 204).

Philipp. **Lercher** Styrius.

Andreas (Zigler, et)

Adam. (Zigler, et)

Abraham. Zigler Grätzenses.

215. 1574. Symon Capeller Viennensis in Austria.

Dominus Johannes Comes in Hardeck, Glatz et Machland, Baro de Starenberg, Dominus in Kreytzing, hacreditarius Pincerna Archiducis Austriae et Dapifer Styriae etc. in Lotrintz.

Joh. Eichhorn vonn Stramberg Cariuthus.

Joh. Dionysius Letovicensis Moravus.

Dan. Etzinger Nombatziensis (Dornbacensis?) in Austria.

220. 1575. Georg. Kern Carniopolitanus.

Thom. Custos (Wächter?) Edenburgensis Ungarus.

Johannes (Jörger) et

Joh. Christoph. Jörger agnati, liberi Barones Austriae superioris.

Joh. Sebast. Interseher (Inderseer) Austriacus.

225. Joh. Spereisen Austriacus (Nr. 251) (10).

Zachar. Turnerus (Türner) Creupsensis Austriacus.

Joh. Jac. a Lamberg Liber Baro in Stein et Guttemberg.

Andr. a Hohenwart zum Gerlachstein und Rabensperg.

Maximil. Gall zu Rudolphseckh.

230. Joh. Ludov. Saur zum Kosieckh und Trephen.

Georg. Jobst Carinthius.

1576. Otto a Ratmannsdorf in Sturnberg (et)

Dietmar Rindschad in Schichleuten (et)

Erenric. Rindschad frater praecedentis, — hi tres sunt nobiles ex Styria.

235. Anton. a Stamp Viennensis.

Joach. Rothut Viennensis.

Georg. Rothut Gretzensis.

1577. Paul. Leitner Cremsensis.

Erasm. Carle Cremsensis (15)

240. Jac. Obersperger Padensis Austriacus.

Steph. Thonbeck Padensis Austriacus.

Joh. Berger Trans-Sylvanus.

Casp. Calvinus Honigspergensis Trans-Sylvanus.

Michael Senensis Pannonius.

245. Joh. Christoph. Seberger Evertingensis Austriacus.

1578. Christoph. Forschan (Faschang) von Klagenfurt.

Maurit. Forschan (Faschang; — fratres) (17).

Alban. Saetaler von Oberweltz in Styria.

Dietmar Schallenberger (et)

250.		Christoph. **Schallenberger**, patrueles Austriaci.
		Joh. **Spereysen** Austriacus iterum se indicat (Nr. 225).
		Joh. **Leonhardi** Grecensis, famulus; gratis
		Paul. **Segedinus** (et)
		Fabian. **Piso** Bellerius (et)
255.		Dav. **Sigismundus** Cassoviensis (et)
		Mich. **Carolinus,** — Ungari.
		Joh. Codicillus **Dulecharius** Bohemus.
		Wolfg. Jac. **Notthafft** ab Hohenberg.
		Petr. **Balmanus** Trans-Sylvanus.
260.	1579.	Andr. **Kindberger** Judenburgensis, pauper famulus.
		Joh. Ludov. **Kirchberger** Austriacus.
		Helmhard. **Kirchberger** Austriacus.
		Josua **Pontanus** (Prückl) Austriacus.
		Huldenric. **Sellius** a Bruneck in Tyrol.
265.		Balth. **Krabath** Austriacus.
		Joh. **Strasser** Austriacus.
		Joh. **Buchler** Austriacus.
		Joh. **Waltherus** Austrius.
	1580.	Christoph. **Kaintz** Cremsensis Austriacus.
270.		Joh. **Magnus** (Nagy) Debrecinus Ungarus.
		Georgius (a **Camberg**, et)
		Erenricus (a **Camberg**, et)
		Adam. a **Camberg** Carinthii, fratres.
		Georg. Erenric. **Berger** Austrius.
275.		Joh. Dav. **Enegkhelius** (Euenkel) zu Albrechtsberg Austrius.
		Jac. **Sanglius** Frainstettinensis Austrius.
		Georg. Erenric. **Bar** Crempsensis Austrius.
		Joan. **Gartnerus** Labaconsis (22).
		Andr. **Campelius** Closter-Neuburgensis Austrius (Nr. 365).
280.		Mich. **Neupauwer** Gretzensis.
		Georg. **Hayden** ab Insterdorff Austrius.
		Steph. **Gallus** Clausenburgensis Transsylvanus.
		Christoph. **Buckel** Carinthius.
		Sebast. **Fadiga** (Faidiga) Ciliensis ex Styria.
285.	1581.	Petr. **Talmannus** Carinthius.
		Wolfg. **Hutstockerus** (et)
		Tobias **Schwartzbeccius** (et)
		Udalric. **Millerus** (et)
		Vitus **Cunis,** praeceptor eorum, — Cremsenses Austrii.
290.		Wolfgang. **Baro** in Eck et Hungerspach etc.
		Georg. Sigism. **Baro** in Eck et Hungerspach etc.

Georg. Andr. **Katianus** Vigaunensis.

Joh. **Weichselberger** famulus horum Baronum.

Georg. **Schanhelius** Styrus.

295.   Wolfg. **Schick** Lintzensis.

Joh. **Weiss** Labacensis.

Blasius (**Langmantel**, et)

Matthäus **Langmantel** Villacenses.

Benedict. **Moser** Villacensis.

300.   Joh. **Caszaeus** Hungarus Miskoltzinus.

Vitus **Zanckius** Baronensis Hungarus.

Bernhardinus **Barbo a Wachsenstein** Carniolanus.

Georg. **Verbitius** Carniolanus.

Joh. Adam **Rurstorfferus** nobilis Austriacus.

305.   Elias **Maurer** Cremsensis.

1582. Andr. **Hermadinger** Offerheimensis Austriacus.

Christ. **Beer** Evertingensis.

Wolfg. **Bauhinger** Berwangensis Austriacus.

Abrah. **Schollius** Laureacensis Austriacus.

310.   Wolfg. Nicol. **Grienthaler** Austriacus.

Georg. **Ratenberger** Austriacus.

Andr. **Falckenberg** Austriacus.

Albert. **Geyr** Austriacus.

Joh. Wilh. **a Schnitzenbaum** liber Baro in Souneck et Dornaw (Conr. **Wachman** Nienburgensis Saxo, praeceptor hujus Baronis. — Nr. 443).

315.   Magnus **Tornarius** (Drcher) Austriacus (21).

Joh. Georgius (**Vnrhuw**, et)

Georg. Frideric. **Vnrhuw** Bohemi.

Joh. **Springer** Viennensis.

Joan. **Weidinger** Labacensis (19).

320.   Johannes (**Czeika ab Obramovitz**, et)

Adam. **Czeika ab Obramovitz** et in Cazo, Barones Bohemi.

Joh. **Beneschius** Marcomannus Hunobraden: Moravus.

Joh. **Schwartz** Bohemus.

Joh. Georg. **Hascha** ab Angezta Bohemus.

325.   Matthias **Timinus** Marcomannus.

Eric. **Mägerlin** Carinthius.

Jac. **Wagner** von Newsal (Neusohl) Hungariae.

Gotthartus **a Stämberg** Baro et Dominus in Steinbühel.

Reichartus **a Stämberg** Baro auff Nideckh, Wildweg (Wildenegg?) et Labenstein (?).

330.   Marc. **Kumbrecht** von Laibach.

Matthaeus **Hambs** (?) Grundius (?) Villacensis.

Mart. **Mederdorffer** Carinthius.

Felix **Habenstatt** Viennensis.

Ludov. **Vrabitzius** Goricensis.

335.   Mart. **Kodwitz** Bohemus.

     1583. Maximil. **Schissleder** von Krembs vsz Österreich.

Christ. **Wiser** von Gretz.

Andr. **Sarusius** (Sarcesius?) Ungarus.

Joh. **Sarcesius** (Sarusius?) Ungarus.

340.   Andr. **Hurer** Austriacus.

Andr. **Schwager** (Schwaiger) Labacensis.

Nicol. **Geyer** Saltzburgensis.

Andr. **Rab** Weidhofensis Austriacus (20).

Joh. **Strasfelder** Gretzensis.

345.   Joh. Ulr. **ab Eckenberg** ex Styria nobilis.

Georg. **Diener** Labacensis.

Christ. **Leyser** in Holtzberg et Kranseckh (Kranichseck?), (et)

Erasmus (a **Gera**, et)

Ernric. a **Gehra** fratres germani, — ex inferiori Austria.

350.   Nicol. **Katona** Theluensis (et)

Valentin. **Zarnias** Varinus, — Hungari

Joh. **Rosman** Carniolanus

Casp. **Okorn** Carniolanus.

Joh. **Faschan** (Faschang) Carinthus.

355. 1584. D. Casp. **Hirsch** Secretarius Provincialium Styriae nobilis.

Wolfg. Erenric. **Jagenreutter** Austriacus.

Andr. **Holdt** Austriacus.

Georg. **Fuchs** Austriacus.

Joh. **Brey** Welsensis Austriacus (27).

360.   Joh. **Stengel** Welsensis Austriacus.

Christ. **Lucius** Viennensis Austriacus (25).

Joh. **Hapfezeder** (Hapfenleder) Grieskriensis (Grieskirchensis) Austriacus (26).

Wilh. **a Kreidt.**

Balth. **Fischer** Grätzensis Styrus (24).

365.   Andr. **Campelius** Closterneuburgensis Austriacus nomen suum repetiit (Nr. 279).

Math. **Fabricius** Carniolanus.

Daniel **Xilander** Carniolanus (32).

Erasm. **Heckelberger** (et)

Joh. Andr. **Fürst** (et)

370.   Wolfg. **Aufflieger** (et)

Wolfg. Springerus, — Austriaci.

Joh. Adam a Kreidt.

Marc. Hirscher Transylvanus.

Joh. Hubnerus Austriacus.

375. 1585. Mart. Schwenck Tyrolensis Matreanus.

Balth. Dinstorffer Austriacus Lintzensis.

Basil. Küenecker Austriacus zu Ens.

Georg. Clemens Labacensis Carniolanus (29).

Theodoricus (Baro ab Eck) et

380. Hieronymus fratres Barones ab Eck.

Georg. Bernh. Kirchberger (et)

Joh. Sigism. Kirchberger, — Austriaci fratres.

M. Georg. Grynæus Budizinus Pannonius Præceptor.

Henric. Elsenhamerus Saltzburgensis.

385. Math. Trost Wipacensis Carniolanus (28).

Erasm. Kurtzleb Carinthus.

Sigism. Senos (Seenus) Carinthus.

Ferdin. Brickel (Briegel? Prückl?) Styrus.

1586. Wolfg. Jaritius Klagenfurtensis.

390. Joh. Christ. Osterreicher Viennensis.

Zachar. Startzer Viennensis.

Math. Scholtius Viennensis.

Valentin. Seuboldus Viennensis.

Dan. Braschius Halensis sub Saltzburg.

395. Helmhart Jörger in Tolet et Stainegg liber Baro in Creuspach.

Hildebrand Jörger in Tolet et Brandegg liber Baro in Creuspach.

Georg. Lagelberger Austriacus.

Wolfg. Ehinger Styrus.

Wolfg. Hector Jagenreutter in Bernaw Austriacus.

400. Wolfg. Christ. Jagenreutter in Bernaw Austriacus (Nr. 451).

Andr. Luschnitius Labacensis.

Cornelius ab Oed Austrius [1]).

Burkhard. Clamer Saltzburgensis.

Wolfg. Erenric. Jagenreutter Austrius [2]).

405. 1587. Joh. Joach. a Zintzendorff liber Baro.

Nicol. Moritz (Wuritsch) Labacensis (33).

Jac. Grüenthaler Lincensis.

Mich. Beer Græcensis.

Mich. Hubner Welsensis.

---

1) Mohl, Sitten und Betragen, Nr. 172.

2) Mohl a. a. O., Nr. 171. Es ist nicht klar, ob sich dies auf den Obigen oder einen der kurz vorher Genannten 399, 400 bezieht.

410. Casp. a Kienburg Styrus.
      Michael (Ellysius) et
      Franc. Ellysius, — Transylvani.
      Isaac Waradius Transylvanus Gladiopolitanus (Claudiopolitanus).
      Raphael Hauenreutter Græzensis.
415. 1588. Casp. Georg. Steinmüller Gertzensis (Gretzensis?).
      Andr. Amptman Clagenfurtensis (30).
      Christ. Spindler Labacensis Carniolanus.
      Mich. Weida Cibiniensis Transylvanus.
      Joh. Hillemaier Austriacus.
420. Vitus Ertellius Rottmensis (Rottenmannensis?) Stirus.
      1589. Paul. Traurer Stainensis ex Austria.
      Wolfg. (Baro a Polheim) et
      Frideric. Barones a Polheim in Wartenberg et Lützelberg, fratres.
      Mart. Dezius Ungarus.
425. Petr. Christ. Braunfalck Styrus.
      Erasm. a Rhedern Austriacus.
      Maximil. Igelshofer Austriacus.
      Wolfgang. (Hohenfelder, et)
      Ludovicus (Hohenfelder, et)
430. Marc. Hohenfelder, Austriaci.
      Herm. Salburger Austrius.
      Georg. Achat. Ennengkl Austriacus.
      Ludovic. Kalbruck Lintzensis.
      Erasm. a Starremberg.
435. 1590. Ludovic. Althimerus von Welss.
      Joh. Bapt. Brock Austrius.
      1591. Alexand. Hutstocker (et)
      Joh. Adam a Neideck, — Austriaci Viennenses nobiles.
      Christ. Lassa (Lasser) a Lassareck Saltzburgensis nobilis.
440. Sebast. Egen Viennensis.
      Jac. Dulschackius (Tulschak) Carniolanus (36).
      Mart. Maier Linzensis Austrius.
      Conr. Wachman Carniolanus J. U. D. inscriptionem repetiit
      (Nr. 314, b).
      Sigism. Donnersperger Styrius ex monte anteriore (Vordern-
      berg, et)
445. Hieron. Geiderus Styrius, — nobiles.
      1592. Joh. Schadner (et)
      Melch. Schadner (et)
      Udalr. Pittij (? — et)
      Casp. Schutterus, — Viennenses Austriæ.

7 *

450.	Sebald. **Artner** Edenburgensis.
	Wolfg. Christ. **Jagenreutter** Austriacus repetiit (Nr. 400).
	Tobias **Schönleb** Salisburgensis.
	Casp. **Nothafft** ab Hochenberg.
	Wilh. **Nothafft**, ejus frater.
455.	Timoth. **Loschan** Schemnicensis Pannonius.
	Gabr. **Langmantel** ab Aar (Auer) nobilis Tirolis (Nr. 577).
	Heinric. a **Triebneck** in Schwartzenstein Styrus.
	Joh. **Wolfinger** Labacensis.
	Lazar. **Hainckelius** Wienensis.
460.	Zachar. **Gropperus** Carniolanus.
	Phil. **Schonerus** Zneymensis Moravus.
	Joh. **Schwab** Viennensis.
	Udalr. **Leyser** a Weierburg Austriacus [1]).
	Phil. **Hillermarius** (Hillemaier) Austriacus.
465.	Wencesl. **Mautner** Moravus, famulus.
	Christ. Ernst **Gaier** ab Osterberg.
	Herward (**Baro in Auersperg,** et)
	Weikhard (**Baro in Auersperg**) et
	Ludovicus (recte: Theodoricus) liberi **Barones in Auersperg.**
470.	Herward a **Lamperg** Baro in Sawstein.
	Leonh. **Faschangus** Carniolanus.
	Maximil. a **Dietrichstein.**
	Jac. **Pantaleon** (et)
	David **Pantaleon** (et)
475.	Chrit. **Stetter** (Stettner,) — (et)
	Thom. **Spindler** (et)
	Seyfrid. **Gall** (et)
	Joh. **Vinitianus** (et) (40)
	Georg. **Brosserus,** — Labacenses Carniolani.
480.	Andr. **Gundelfinger** Reichenauensis Transylvanus (35).
	Abel. **Fascangus** (Faschang) Carniolanus (39).
	Joh. Werner (ab **Hohenegg**) et
	Marquard Carol. Phil. ab **Hohenegg,** fratres.
1593.	Joh. **Stettner** Labacensis.
485.	Joh. Christ. **Fernberger** in Egnberg haereditarius Austriae superioris Camerarius.
	Hieron. **Hauser** Grätzensis Styrus.
	Joh. **Hontherus** Transylvanus Coronensis.
	Joh. a **Schallenberg** Austriacus.

---

[1] Mohl, Sitten und Betragen, Nr. 225.

Joh. Bapt. Summer Austriacus.

490. Casp. Tulschak Labacensis Carniolanus.

Dan. Dav. Tonnerius Graecensis Styrius [1]).

1594. Joh. Schottel Vitensis ex Carinthia.

Abel Venetus (Venediger) Graecensis Styrius.

Jul. Herkowitz Illiricus Barasiensis.

495. Thom. Lantz Bergensis (et)

Andr. Steininger Schwans: — Austriaci (Nr. 530).

1595. Gothard. Amman Graecensis.

Christ. Knafelius Croinburgensis Carniolanus.

Christ. Mederdörffer Carinthius Villacensis.

500. Greg. Rab Carniolanus.

Allexand. Sünttleüter Bruckensis ex Styria.

Georg. Achat. Stauffer Austriacus.

Joh. Nowack Graecensis.

Frideric. Hertelius Graecensis.

505. Dan. Reffinger Labacensis.

Dan. Wernedin Carinthus Therfusiensis (Tarvis).

Andr. Laborator Carinthus (Nr. 604).

Joh. Bapt. Wionna (Wronna) Lincensis (38).

Elias Baier Vienensis.

510. Joh. Albert Arstetterus Austriacus in Wertberg.

Georg. Ryscher Mondensis (Mondsensis?) Austriacus.

Wolfg. Pramerus Viennensis nobilis.

Valentin Brigel Iglauensis ex Moravia.

Greg. Nastran Labacensis Carniolanus.

515. Christ. Castnerus Villacensis.

Mich. Wolffinger Carniolanus.

1596. Henric. Baro a Landau.

M. Georg Lebennicus Austriacus, eius praeceptor.

Joh. Adam a Lingheim (Lengheim) nobilis Styrus.

520. Andr. Dotting Pettaviensis Styrus.

Carol. Egen Viennensis Austriacus.

Jac. Marinus Clagenfurtensis.

Marc. Colludor (Coluder) Labacensis (41).

Joh. Bapt. Moschan zum Thurn am Harsz (Hardt) und Liechtenwaldt und Burgfeld (Gurkfeld), Hauptmann vff Adelszporg.

525. 1597. Andr. Vngnadt Liber Baro in Sonneckh (Nr. 553).

Andr. Bekesi Transylvanus (Nr. 554).

Abrah. Vnverzagt Schemnicensis Pannonius.

---

1) Dav. Tonner starb 1596 in Tübingen und ward in der Stiftskirche daselbst begraben.

Joh. **Korn** Viennensis Austriacus, famulus.

Sim. **Haindl** Styrensis Austriacus.

530. M. Andr. **Steininger** Suanseusis Austriacus repetiit nomen (Nr. 496).

Sebast. **Leahor** (Lercher? Lexser?) Eystadiensis Austrius.

Mich. **Walckensperger** Lyncensis.

1598. Georg. **Bittorfius** Styrus repetiit nomen [1]).

Wilh. **Manner** Lintzensis.

535. Friederic. **Krell** von Baden in inferiore Austria (42).

Joh. Ernfrid. (**Jörger**, et)

Joh. Maximil. (**Jörger**, et)

Joh. Ernric. **Jörger** Liber Baro in Tholet, fratres.

Elias **Neumar** (Neumair) ansser (Aussenis?) in Austria.

540. Joh. Eberhart. **Hoffmannus** Lintzensis.

Wilh. **Stiber** Carinthius Villacensis.

Joh. Austriacus.

Joh. Albinus **Schlick** Comes a Passau (Passaun) et Baro a Weisskirch[2]).

Georg. **Campanus** Schlickensis, ejus famulus.

545. Joh. Christ. **Donner** Gellersdorfius Austriacus.

Math. **Spiessius** Lintzensis.

1599. Joh. Joach. a **Grünthal** Austriacus.

Christ. **Hebnerus** Villacensis Carinthius.

Severin. Amand. **Gabelkoffer** Styro-Graecensis.

550. Sigism. **Scherckel** Styro-Graecensis.

Mart. **Händel** Carinthius.

Tobias **Fraunberger** Viennensis Austriacus.

Andr. **Vngnad** Liber Baro in Sonneckh (Nr. 525).

Casp. **Bekesi** Transylvanus iterum se indicat (Nr. 526).

555. Greg. **Luonaritz** Sarvariensis Pannonius.

Joh. Bapt. **Reuchlin** Viennensis Austriacus.

Joh. Wilh. **Trachsel** in Stubenberg et Neuhaus (sic).

Carol. **Jörger** Liber Baro in Tolet.

Zachar. **Präntel** Austriacus.

560. Georg Achat. **Capelan** Austriacus.

Zachar. **Sertelius** Tachovinus Bohemus.

Joh. Nic. **Popel** Baro a **Lobkowitz**.

Joh. **Ederus** Salisburgensis.

1600. Georg. Christ. Baro a **Zintzendorff** Erblandjägermeister in Östreich.

---

[1]) Die erste Inscription findet sich nicht.

[2]) **Mohl**, Sitten und Betragen, Nr. 261 und 262. Er ist derselbe, welcher später als Münzmeister zu den 30 böhmischen Directoren gehörte und 1622 geächtet wurde.

565.   Joh. Andr. Baro a **Trautmansdorff.**

Balth. **Thonradt** L. B.

Georg Christ. **Schmitzberger** Austriacus.

Tobias **Kirchmeyr** Austriacus.

Joh. Nic. **Sigmar** (et)

570.   Joh. Paul. **Flusshardt,** — nobiles Austriaci.

Greg. **Fabritius** Austriacus.

Wolfg. Theodoric. a **Lamberg** L. B. in Stein et Guttenberg (et)

Joh. Georg. a **Lamberg** L. B. in Stein et Guttenberg, fratres.

Dav. **Verbetius,** Philosophiae et Medicinae Doctor Praeceptor.

575.   Laurent. **Wercowitsch** famulus.

Greg. **Schnedel** Graecensis, famulum hic acturus, propter immaturam aetatem manu fidem dedit.

Gabr. **Langmantel** ab R (Auer) Villacensis Carinthius nomen repetiit, olim inscriptus 7 May Anno 92 (Nr. 456).

Felix ab **Herberstein** Baro.

Wolfg. a **Buchheim** B ro.

580.   Joh. **Steinmetz** Austriacus.

1601. Georg Wilh. a **Rattmansdorff** Styrus, Baro, stipulata manu fidem dedit (Nr. 600).

Georg **Henschel** Styrus, famulus (Nr. 601).

Bernh. **Michael** Egeranus Variscus, contendens Argentinam.

Joh. **Bertinger** Posoniensis Ungarus, in Italiam abiens.

585.   Lazar. **Holtzmüller** a Spica in Austria oriundus.

Friederic. a **Lingheim** (Lengheim) Styrus Grecensis.

Georg. Sigism. **Lexser** Austriacus.

Dietr. **Kleindienst** Styrus.

Sigismund (von Greissen, et)

590.   Seyfrid. zu (von) **Greissen** zu Waldt, fratres, equestris ordinis.

Dietr. von **Buchheim** zu Carlstein Baro.

Otto **Teüffel** zu Guntersdorff Baro.

Steph. **Marchtrencker** Austriacus.

Nicol. **Ottman** Carynthius.

595.   Steph. **Reitmayr** Austrius.

Maximil. **Luffteneckher** Austrius.

1602. Thom. **Lansius** Bergensis Austriacus (Nr. 624).

Joh. Georg. **Felsinius** Grätzensis Styrus.

M. Isaac. **Kapp** Landspergensis Styrus.

600.   Georg. Wilh. a **Rattmansdorff** Styrus Baro (Nr. 581).

Georg. **Henschel** Styrus famulus (Nr. 582).

Georg. ab **Ernaw** Carinthus Claudiforanus.

Ferd. **Culmar** Carinthus Claudiforanus nobilis.

Andr. **Laborator** Carinthus Claudiforanus praeceptor (Nr. 507).

605. Joh. Georg. **Ernst** Effertingensis.

1603. Andr. **Papius** Graccensis.

Elias **Direnbachius** Rotermanensis Styrus.

Sebast. **Althaimerus** Salisburgensis.

Abel **Venetus** (Venediger, et)

610. Alban. **Venetus** (et)

Adam **Venetus** — fratres germani Grecenses Styri.

Elias **Rebel** Neuhusiensis Styrus.

Georg. **Schilter von Neuenstain** Austriacus.

Georg. Christ. Baro **in Losenstain** etc.

615. Georg. Achat. L. B. **a Polheim** etc.

Otto Victor **a Fräncking**.

Joh. Adam **a Zettlitz** Silesius.

Dan. **Zehender**, duo Dominorum Baronum famuli (sic).

1604. Abrah. **Höltzl** Lincensis, nobilis Austriacus (Nr. 631).

620. Luc. **Kesslerus** (et)

Joh. **Gravius**, — Transylvani.

Barth. **Mayer von Fuchsstatt** Carinthius, 14 annorum.

Georg. Christ. **Rauber** zu Nemarckh (Weineckh).

1605. Thom. **Lansius** repetiit nomen (Nr. 597).

625. Joh. Andr. **Zeller** auf Nastenberg Nobilis Austriacus.

Christ. **Ehinger** nobilis Austrius, 14 annorum.

Sam. **Fabricius** Eperiensis Ungarus.

Barth. **Riser** Gmündensis Austriacus.

Joh. **Taufrer** Labacensis (Nr. 711).

630. 1606. Dan. **Walterus** Viennensis.

Abrah. **Höltzlin** nobilis Austriacus (Nr. 619).

Abrah. **Grienbeccius** Nobilis Austriacus.

Joh. **Schaun** Austriacus.

Jac. **Deschler** Aschensis.

635. Franc. Christ. (**a Teuffenbach**, et)

Georg. Sigism. **a Deuffenbach**, Styri.

Burckhard. **Hagen** in Hageneckh.

Christ. Andr. **Kulmer a** Rosenbühl Carinthus.

Tobias (**Tauferer**, et)

640. Zacharias **Tauffreri** Cariolani (sic) fratres germani, propter aetatem non juraverunt.

Marc. **Heuser** Austriacus.

Christ. **Sturmkorb** Aschensis.

Georg **Barrle** (Warll) Carniolanus.

Marc. **Hildtprandt** Austriacus.

645.   Franc. Andr. a **Scheur** (Schayr) Carniolanus.

      Wilh. **a Mettnitz** a Sayern Austrius.

1607. Sebast. **Egen**, Schleinbachensis Austriacus (44). [(29 Maii) Andr. Folsenius Schittingensis Saxo adduxit sex nobiles discipulos inscribendos (ipse tamen neque inscriptionem petiit neque juravit) Austriacos:

      Ernst. Joach. **Hack** Austriacum.

      Georg. Balth. **Baumgartnern.**

650.   Georg. Christ. **Hackh.**

      Joan. Erhard **Stangelium.**

      Friederic. **Schadawer.**

      Esaiam **Maiern.**

      Posterioribus quatuor propter aetatem juramentum remissum est; hi omnes statim Argentinam discesserunt.

      Christ. Andr. **Braunfalck** a Neuhausen et Weyr Styrius.

655.   Christ. Bernh. L. B. a **Teuffenbach** (et)

      Joh. Carol. a **Stockheim** famulus. — Hi duo propter teneriorem aetatem stipulato promiserunt.

      Helfrid. a **Freyberg** Nobilis Carinthius, Argentinam tendens.

      Wilh. **Denckendorffer** Graecensis.

      Theodoric. **Vischer** Teysingensis Bohemus.

660.   Joh. Adam a **Gallenberg** propter minorem aetatem non juravit.

      Sam. **Altman** Austrius.

1608. Joan. Conrad. (**Geyser**, et)

      Georg. Ludov. **Geyser**, fratres; non Jurarunt.

      Bernh. **Egen** Schleinbacensis Austriacus; non juravit.

665.   Martin. **Gallius** Muraviensis Styrus.

      Bened. **Zalnbaum** Deunensis (Devinonsis?) Ungarus.

      Georg. Balth. (**Katzianer**, et)

      Hans Sigm. (**Katzianer**, et)

      Gottfridt **Katzianeri** L. B. in Vigauw (Vigaun) et Crain (sic).

670.   Joan. Ulr. a **Contzin** etc. Austriacus generosus.

      Joan. **Lotzius** Cibiniensis Transylvanus (et)

      Petr. **Bergerus** ex eodem loco oriundus.

      Georg. **Muschardus** Viennensis.

      Mich. **Watz** Labacensis Carniolanus (Nr. 692).

675.   Joh. **Haselmaier** Austrius Efferdingensis (43).

1609. Joh. Christ. **Rauschenberg** Viennensis Austrius.

      Christoff **Thonner** aus Kärndten, Buchbindergesell.

      Mich. **Schweiberer** Viennensis Austrius (Nr. 701).

1610. Wolfg. Friederic. (**Nothafft**, et)

680.   Wilh. Christ. **Nothafft** ab Hohenberg.

Math. Dautlerus (Tandler) Viennensis.

Christ. Faschang Claudiforanus.

Sim. Petr. Langius Stollhofensis (Stallhofens. Styr.).

Augustin. Friederic. (Raab, et)

685.   Joh. Conr. Raab a Pintraich.

    1611. Georg. Christ. a Schallenberg Austriacus.

    1612. Marc. Paradiser Nobilis.

Paul. Liber Baro ab Eubeswald (Eybiswald), una cum Casp. Plaichel Styro famulo.

690.   Joh. Ludov. Raschp (Rasp) Carniolanus.

Ernest. Wilh. Regal Styrus.

Mich. Watz Carniolanus (Nr. 674).

Tob. Händl Nobilis Austrius, una cum Nic. Spechten Silesio praeceptore.

695.   Joh. Adam. Gall a Gallenstein Nobilis Carniolanus.

Joh. Christ. Schlumper Lyncensis Austrius.

    1613. Ant. Betschovitsch Carniolanus Nobilis.

Joh. Adam a Greiffenberg liber Baro in Sauseneck.

Adam a Malendein in Plankenstein, Leutschach, Rappolten und Sigerhartskirchen.

700.   Joh. Gallius in Gallhouen und Widertriess.

Mich. Schweiberer Viennensis, nomen repetiit (Nr. 678).

Joh. Adam Urkauf Austriacus.

Joh. Ulric. Rigler Austriacus.

Carol. Christ. a Schallenberg Nobilis.

705.   Georg. Seifridt Freiherr von Dietrichstein.

Georg Ehrenreich Wagen zu Wagensburg.

Joh. Ambros. Maul (et)

Sebald. Roll, — Styri famuli.

Mich. Bezigek (Besiack?) Kreiner, Domini Betschovitsch (Nr. 697) famulus.

710.   Joh. Oberndörffer Grätzensis.

     Joh. Taufrer Labacensis Carniolanus (Nr. 629).

    1614. Petr. Bochoritius Labacensis Carniolanus. — [1]

---

[1] Im Jahr 1627 verbot Kaiser Ferdinand II. nochmals und schliesslich den Oesterreichern auswärtige nichtkatholische Universitäten zu besuchen.

VI. Verzeichniss sämmtlicher in Tübingen magistrirten Österreicher[1].

(1530—1689.)

1545. Math. **Garbitius** Illiricus, Profess. Philos. Tubing.

> S. früher S. 4. — Schon der Beisatz zeigt, dass es sich hier nicht um eine eigentliche Magister-Promotion handelt. Man benützte nur die Promotion des Jakob Andreä dazu, durch gleichzeitige Eintragung des Prof. M. Melch. Volmar[2]) und des Prof. M. Math. Garbiz in die Magisterrolle der Artistenfacultät gewisse Formfragen zu beseitigen (13).

1551. Oswald **Schreckenfuchs** Austriacus.

> Zell, mem. Tub. 439.

1563. Mart. **Valtnerius** Stiriacus (96).

1565. Sam. **Budina** Labacensis (64) S. 65.

5. 1567. Melch. **Pantaleon** Keisersspergensis (Keisersperg) S. 18 Anm. 3.

1569. Bernhardinus **Steiner** Lithopolitanus (153) S. 69—70.

> Georgius **Dalmatinus** Gurkfeldianus (130) S. 68.

1570. Ferdin. **Winklerus** Spitalensis (140).

1573. Prim. **Truberus** Rotenburgens. ad Tuberam (152) S. 69.

10. 1577. Joh. **Sperreisen** Austriacus Welsensis (225, 251).

1578. Felician. **Truberus** Campidonensis (155) S. 70.

1579. Balth. **Springer** Peurbachius Austriacus (203).

> Dav. **Grienplatt** Rosenaviensis Pannonius.

> Casp. **Bucher** Austriacus Kirchschlag. (200).

15. 1582. Erasm. **Carolus** Crembsensis (239).

> Christ **Fuxbogner**, Hieropolita, Pfaffendorfensis Austriacus.

1583. Maurit. **Faschangus** Carinthus (247) S. 72.

> Joh. **Crispus** Pragensis Bohemus.

1584. Joh. **Weidinger** Labacensis Carniolanus (319) S. 74.

20. 1585. Andr. **Raab** Weidhovensis Austriacus (343).

> Magnus **Tornarius** (Dreher) Lonfeldensis (Austriacus) (315).

> Joh. **Gartnerus** Labacensis (278) S. 73.

---

1) Nach J. N. Stoll: Sammlung aller Magister-Promotionen zu Tübingen, Stuttg. 1766. — Die in Klammern beigefügten Zahlen verweisen auf das vorhergehende Verzeichniss. — Hie und da sind einzelne biographische Notizen beigefügt worden.

2) Klüpfel, Universität Tübingen, S. 33.

1587. Alexand. **Lucius** Zeiseraweir. (Zeiselmaur. ?).

Balth. **Fischer** Styrus Graeciensis. Hebraico dixit (364).

Ein Bürgerssohn aus Graz, Stipendiat der steirischen Landschaft, 1587 Prediger in Graz, 1593 Feldprediger, 1595 entlassen, 1596 Prediger zu Schemnitz in Ungarn [1]).

25.   Christ. **Lucius** Viennensis. Oculis caecus (361).

Joh. **Happfenlederus** Austrius Grieskirchensis (362).

Joh. **Brei** Welscusis Austrius (359).

1589. Math. **Trost** Wipacensis Illiricus (385) S. 77.

Georg. **Clemens** Labacensis (378) S. 77.

30.   1592. Andr. **Amptmann** Clagenfurtensis (416).

Joseph. **Dürr** Wienensis.

1591. Dan. **Xylander** Laibacensis (367) S. 76.

1594. Nic. **Wuritschius** Croata (recte: Carniolanus) (406) S. 78.

1595. Sim. **Storer** Weitrawensis Austrius.

35.   Andr. **Gundelfinger** Reichenoviensis Transsylvanus (480).

Jac. **Dulschackius** Labacensis Carniolanus (441) S. 78.

1596. Andr. **Steininger** Schwansensis Austrius (496)..

1597. Joh. Bapt. **Wronna** Lincensis (508).

1598. Abel **Faschangus** Seltzensis Carniolanus (481) S. 82.

40.   1599. Joh. **Vinitzianus** Labacensis Carniolanus (478) S. 82.

1600. Marc. **Colluder** Labacensis (523) S. 84.

1601. Friederic. **Crell** Badensis Austrius (535).

1611. Joh. **Haselmajer** Efferdinga Austrius (675).

Sebast. **Egen** Schleinbaccensis Austrius (647).

Ein Sohn des evangelischen Pfarrers Bernhard Egen in Schleimbach [2]).

45.   1622. Mart. **Neupauer** Welsensis Austrius.

1623. Wolfg. **Colewald** Prambkirchensis Austrius.

Aus Östreich vertrieben ward er Pfarrer in Würzburg, dann Oberpfarrer und Dekan in Carlstadt a. M., und unterschrieb in seinem vierten Exil zu Wertheim am 1. Jan. 1635 ein gedrucktes Exemplar der Concordien-Formel (Ausg. Tübingen 1599; — in meinem Besitz).

1629. Ludov. **Kepplerus** Pragensis Bohemus.

Ein Sohn des berühmten Astronomen, später Phil. et Med. Dr. etc.

1634. Joh. Conr. **Hizler** Lincensis Austriacus.

---

1) **Peinlich**: Zur Geschichte des Gymnasiums in Graz, 1866. Ders., Egkenperger Stift zu Graz, 1875; S. 62.

2) **Bernh. Egen** war 1581 Prediger in Graz, 1583 von da vertrieben, dann in Warasdin, 1589 in Schleimbach (Peinlich, Egkenperger Stift, S. 61).

1642. Georg. Christ. **Burger** Austrius.

  Blieb in Wirtemberg, ward 1657 Pfarrer zu Ober-Vaihingen, 1659 zu Lustnau, 1663 zu Hengstett, 1668—74 zu Oberwälden.

50. 1647. Joh. Georg. **Kraemer** Rabbsensis Austrius.

  Wurde 1650—69 Pfarrer zu Dornhaan in Wirtemberg.

1653. Thom. **Greb** Ungarus Belensis. Extra ordinem receptus.

1655. Thom. **Richter** Graupa-Bohemus.

  Blieb in Wirtemberg, ward 1657 Pfarrer zu Roigheim, 1660 zu Gochzen im Dorf, 1672—79 zu Bizfeld.

1658. Joh. **Langius** Cremnicensis Pannonius.

  Ward 1659 Präceptor zu Kirchheim in Wirtemberg, und 1660—64 Rector der Schola Anatol. in Tübingen.

1662. Eric. **Weissmann** Weyerburga-Austrius.

  Geboren 15. Juli 1641 auf Schloss Weyerburg in Ober-Östreich besuchte er die Schulen zu Maulbronn und zu Bebenhausen, ward 1662 Repetent, Kloster-Präceptor und Prediger zu Hirschau in Wirtemberg, 1680 Special zu Waiblingen, 1685—93 Special zu Kirchheim, zugleich 1690—93 Special zu Nürtingen, dann 1693—1704 Special und Spital-Prediger zu Stuttgart, 1698 Prälat zu Herrenalb, 1704—11 Stiftsprediger in Stuttgart, 1711—17 Prälat zu Maulbronn und Generalsuperintendent, gestorben daselbst 23. Febr. 1717. — Sein Sohn Friedr. Christ. Weissmann, geb. 1670 in Hirschau, magistrirte in Tübingen 1688, ward 1702 Kloster-Präceptor in Bebenhausen, und 1724 Special zu Kirchheim, wo er 1729 starb.

55. 1672. Sam. **Capricornus** Posonia-Hungarus.

1689. Christian **Winkler** Tyrnav-Hungarus.

  Blieb in Wirtemberg, wo er erst Diakonus, dann Pfarrer zu Wimpfen wurde.